KB039820

생각하는 리더
행동하는 리더

생각하는 리더

행동하는 리더

**조직의 지속적 성장을 이끄는,
혁신적 생각과 행동의 리더십!**

김희봉 지음

pazit

○
○
○

단숨에 읽었습니다. 생각하는 리더의 열쇳말 스무 개, 행동하는 리더의 열쇳말 스무 개, 어느 것 하나 건너뛰기 어려웠습니다. 평소 리더십에 관해 알고 싶던 질문을 모두 포함하고 있네요. 그야말로 리더십 일망타진입니다. 모든 글이 길지 않으면서도 빠진 것 없이 알찹니다. 독자 입장에서는 들이는 시간 대비 얻는 게 많은, 가성비 최고입니다. 각 글의 서두에 생각할 거리를 던져준 것도 절묘하네요. 그동안 읽은 리더십 관련 책 가운데 손에 꼽을 만한 수작입니다.

강원국 작가, 『대통령의 글쓰기』 저자, 우석대 객원교수

그동안 리더십에 대한 책들은 둘 중 하나였다. 본인의 경험을 기반으로 한 선민의식이 가득 들어가 있거나, 이론만 작성해서 따분한. 하지만 이 책은 이론을 기반으로 한 실용적

인 서적이라고 말하고 싶다. 저자의 오랜 기업 경험을 바탕
으로 한 실행방법이 가득 들어가 있고, 쉽게 풀어 써서 술술
읽혔다. 그리고 이미 치열하게 고민 중이거나 앞으로 화두
가 될 여러 가지 토픽들, 예를 들면 고경력자 활용, 진단검
사 활용에 대한 거시적 안목에서 통찰 제공, 역멘토링, 실패
노트 등이 포함되어 있어 미래 방향성을 좇아가는 리더들에
게 일독을 추천한다.

김구종 박사, 콘센트릭스코리아 L&D Lead

저자는 풍부한 경험과 이론을 겸비한 리더십 분야의 전문가
이다. 리더십의 트렌드는 그동안 지속적으로 변해왔고 향후
에도 기업에서 요구하는 인재상과 역량에 따라 변화할 것이
다.『생각하는 리더, 행동하는 리더』는 변화의 시대 속 변하
지 않는 생각과 행동으로 고민하는 리더에게 변화를 위한
전환의 길라잡이가 되어줄 것이다.

류지민 전임, GS건설

최근 기업들은 딥체인지를 통해 새로운 변화를 모색하고 있
고, 이 과정에서 리더의 역할은 그 어느 때보다 중요해지고

있습니다. 결국 리더의 생각과 행동이 정답이 없는 불확실 시대의 새로운 길을 만드는 출발이 되기 때문입니다. 이 책 은 리더로서 직면하는 다양한 관점에 대해 스스로 생각의 힘을 기르고, 행동하게 하는 방향을 제안합니다. 정답이 없 는 시대를 살아가는 리더들에게 일독을 권합니다.

임창현 박사, SK mySUNI, 『정답 없는 세상에서 리더로 살아가기』 저자

김희봉 박사는 리더십의 이론과 실제를 개발하고 전파하기 위해 부단히 노력하는 전문가다. 그런 그가 리더십 관련 책 을 출간한다고 했을 때 빨리 읽어보고 싶은 마음이 들었다. 『생각하는 리더, 행동하는 리더』는 성공적인 리더는 선천적 으로 태어나는 것이 아니라 후천적으로 육성된다는 사실에 기반하여 이야기를 풀어내고 있다. 특히, 리더가 'Follow Me' 가 아닌 'Support You'의 관점에서 구성원들의 앞에 서서 진 두지휘하는 게 아니라, 구성원들의 옆자리에서 호흡을 같이 하고 때로는 뒤에서 아낌없는 지원을 해야 한다는 말에 큰 공감이 된다. 이 책은 나의 철학과도 일맥상통하며, 리더들이 실제로 행동하는 리더십을 발휘할 수 있도록 도울 것이다.

이재형 대표, 비즈니스임팩트, 세종사이버대학교 경영대학원 MBA학과 겸임교수

"세상에서 가장 먼 거리가 어디냐?"라는 질문이 있다. 사람마다 그 답은 다를 수 있겠지만 "머리에서 가슴까지 20cm"라고 바로 이야기하는 사람도 있을 것이다. 맞다. 김희봉 작가의 신간 『생각하는 리더, 행동하는 리더』를 읽고 나서 든 생각이다. 시간이 갈수록 리더 하기가 힘들다고 하는데, 이 책은 일상에서 우리 주변에 있는 F11, 피아노 건반, 수포자 등 쉬운 비유를 통해 독자들로 하여금 리더의 생각과 행동에 대해 스며들듯 편안하게 알려주고 있다. 규모를 막론하고 내가 리더라고 생각하는 사람들에게 섬세한 이론과 '나도 해 볼 수 있겠다.'라는 넛지를 주는 책이다. 또한 교육공학 박사이자 HRD전문가로서 지속적으로 좋은 책을 써주고 있는 작가에게 독자이자 한 사람의 후배로서 "감사하고 멋지다."라고 말해주고 싶다.

윤선동 대표, 동인재개발원, 한국강사신문 편집팀장

생각과 행동의 불일치는 리더와 구성원들을 더욱더 멀어지게 한다. 아무리 좋은 생각도 실행하지 않으면 소용이 없다. 부서지기 쉬운 시대, 어떤 리더로 남을 것인가는 결국 실행력에 달려 있다. 이 책은 이론이 아니라 생각의 전환, 기록,

정리, 실행으로 당신의 인생행로를 바꾸는 지식 축적의 노
하우를 빌려준다. 너너는 "이렇게 해라."라는 명령이기 이니
라 실제 어떻게 해야 하는지를 구체적으로 실행할 수 있도
록 예시로 보여준다. 혼자만 보고 싶은 지점이다. 리더의 통
찰력과 경험이 녹아 있는 이 책을 반드시 읽어야 한다. 윤코
치가 강력 추천한다.

윤영돈 소장, 윤코치연구소, 한국커리어코치협회 부회장

프롤로그

○
○
○

특별한 사람이 리더가 되는 것이 아니라 리더십을 발휘하면 특별한 사람이 됩니다.

세상에는 다양한 색상이 있습니다. 그러나 모든 색상은 세 가지 색, 즉 R.G.B(Red, Green, Blue)로 일컬어지는 색을 근본으로 하고 있습니다. 리더십도 마찬가지입니다.

동서양을 막론하고 리더십에 대한 다양한 연구와 이론 그리고 사례들이 제시되어 왔습니다. 하지만 리더십 발휘의 기본이 되는 요인들은 여전히 그 자리를 지키고 있습니다. 리더와 팔로워 그리고 상황입니다.

이 중 리더의 생각과 행동은 매우 중요합니다. 리더의 생각과 행동은 조직과 팔로워들이 나아가는 방향을 바꿀 수 있으며 이로 인해 결과도 달라지는 경우가 많습니다.

『생각하는 리더, 행동하는 리더』는 리더십을 발휘하는 데 있어 한 번쯤은 생각해봐야 하는 점과 한 번쯤은 시도해봐야 하는 내용을 담고 있습니다. 그리고 이러한 내용들은 리더십 변화의 단초가 될 수도 있습니다.

리더의 역할을 수행하는 것은 생각보다 쉽지 않습니다. 매번 새로운 상황을 마주하게 되는 경우가 많고 팔로워들의 역량과 기대의 차이도 있기 때문입니다. 더군다나 조직 내에서 리더의 직책을 수행할지라도 필연적으로 팔로워로서의 역할도 수행해야 합니다. 어쩌면 팔로워의 역할에 투자되는 시간과 노력이 더 많을 수도 있습니다. 이렇듯 리더의 역할은 생각보다 복잡합니다.

이런 측면에서 『생각하는 리더, 행동하는 리더』는 리더로서의 직책 혹은 역할을 수행함에 있어 한 번쯤은 살펴볼 만한 내용들도 다루고 있습니다. 물론 독특하거나 새로운 내용으로 다가오지 않을 수도 있습니다. 그럼에도 불구하고 일독을 권합니다. 잘 알고 있는 바와 같이 리더십을 발휘하지 못하는 이유는 몰라서가 아닙니다. 알지만 시도하지 않았기 때문입니다. 이를 아는 것과 행동하는 것의 차이 Knowing-Doing Gap라고도 합니다.

더군다나 조직 내 비중이 증가하고 있는 MZ세대에게 "나를 따르라follow me."는 식의 리더십은 더 이상 유효하지 않습니다. 오늘날의 리더는 팔로워들에게 "당신을 지원하겠다 support you."를 외치면서 그들이 하는 일을 지원하고 차질이 없도록 만들어주기 위한 노력을 해야 합니다.

지금까지 리더가 팔로워들의 앞에 서서 진두지휘해왔다면 이제는 그들의 옆자리에서 호흡을 같이하고 때로는 뒤에서 아낌없는 지원을 해야 합니다. 이와 같은 리더십은 이미 오래전부터 회자되어 왔습니다.

노자老子는 『도덕경』에서 가장 훌륭한 리더는 팔로워들이 그가 존재한다는 사실만 겨우 아는 사람이라고 했습니다. 또한 리더는 어떤 일이 완수되면 팔로워들 스스로가 이루었다고 여길 수 있도록 만들어야 한다고도 했습니다.

그린리프Robert K. Greenleaf 역시 서번트 리더십servant leadership에 대해 언급하면서 리더는 타인을 위한 봉사에 초점을 두며 팔로워와 고객 그리고 공동체를 우선으로 여기면서 그들의 욕구를 만족시키기 위해 헌신해야 한다고 주장한 바 있습니다.

이렇게 보면 리더는 팔로워 위에 존재하는 것이 아니라 그들을 위해 존재한다고 볼 수 있습니다. 또한 리더가 어디에 서서 무엇을 어떻게 해야 하는지가 보다 분명해집니다.

이와 함께 리더십의 변화는 선택이 아니라 필수이며 기본이라는 점도 부인하기 어렵습니다. 더군다나 변화를 시작해야 할 시점도 '지금 당장right now'이 되었습니다.

'진광불휘 진수무향眞光不輝 眞水無香'이라는 말이 있습니다. 진짜 빛은 반짝거리지 않고 진짜 물은 향이 없다는 의미인데 오늘날 리더들이 다시 한번 생각해 볼 말이기도 합니다.

리더의 역할을 맡게 되면 설렘도 있지만 그만큼의 걱정도 있습니다. 막상 무엇을 언제 어떻게 왜 해야 하는지에 대한 고민이 생기기도 합니다. 그래서 리더로서 해 봐야 할 생각을 해 보고 이를 일상에서 행동으로 옮겨보는 것은 의미가 있습니다.

따라서 『생각하는 리더, 행동하는 리더』를 통해 리더로서 생각의 확장과 행동의 전환을 위한 몇 가지 생각을 나누고자 합니다.

『피터팬』의 작가인 제임스 매튜 배리James Matthew Barrie는 행복의 비밀이 좋아하는 일을 하는 것이 아니라 하고 있는 일을 좋아하는 것이라고 했습니다. 리더십의 비밀도 크게 다르지 않습니다.

모쪼록 이 책이, 리더로서 스스로가 행복해지는 것은 물론, 함께 있는 팔로워들도 행복하게 만들어 줄 수 있는 생각과 행동의 출발점이 되기를 바랍니다.

2024년 새싹이 돋아나는 계절에
김희봉

차례

1부

생각하는 리더

1부

생각하는 리더

1　리더십

나누고 싶은 생각

- 리더십 성공 요인
- 리더십 실패 요인
- 리더십 개발을 위한 다양한 접근

"행복하게 사는 가정은 이유가 대부분 닮았지만 불행하게 사는 가정은 이유가 다 제각각이다."

너무나 잘 알려진 톨스토이의 『안나 카레니나』 첫 문장이다. 곱씹어 보면 볼수록 절로 고개가 끄덕여진다.

톨스토이의 힘을 빌려 리더십을 이야기해보면 "실패하는 리더십은 이유가 대부분 닮았지만 성공하는 리더십은 이유가 다 제각각이다."라고 해도 과언이 아닐 것이다.

이는 리더십의 성공을 가져온 요인들을 몇 가지로 특정하기 어렵다는 것을 의미한다.

초기 리더십에 대한 연구는 주로 성공한 리더들의 특별
한 능력, 즉 특성들이 무엇인지를 밝혀내고자 하는 것에 중
점을 두고 이루어졌다. 주로 리더의 성격, 학력, 지능 등은
물론, 성별이나 신체조건 등에 이르기까지 성공한 리더들
이 지닌 개인적인 다양한 특성들을 도출해내기도 했다. 물
론 지금까지도 이와 같은 연구들이 수행되고는 있지만 유
의한 차이가 나는 특성을 발견하기 어렵다는 한계를 지니
고 있다.

이와 같은 한계를 극복하고자 리더십의 성공 요인을 리더
의 특징에서 리더의 행동behavior 및 리더가 처한 상황situation
에서 찾으려는 시도들이 있었다. 그리고 이로 인해 상당 부
분 효과적이고 납득할 만한 결과들이 도출되기도 했다.

리더십 성공 요인을 찾는 데 있어 리더의 특성이 아니라
리더의 행동이나 리더가 처한 상황으로 전환하였다는 것은
성공적인 리더가 선천적으로 태어나는 것이 아니라 후천적
으로 육성된다는 것에 대해 공감대가 형성되고 이를 받아들
인다는 것을 의미한다.

오늘날 CEO를 비롯한 조직구성원, 군인, 부모, 학생 등
다양한 사람들을 대상으로 이루어지고 있는 각종 리더십 교

육과정이나 프로그램들은 대부분 이러한 관점에서 개발되고 있다.

그러나 성공하는 리더가 어떤 행동을 하는지 혹은 특정 상황에서 어떻게 대응하는지와 같은 접근 역시 리더의 특성과 마찬가지로 경우의 수가 너무 많다. 더군다나 공통적으로 도출된 리더의 행동이라고 할지라도 각각의 리더가 처한 환경이나 여러 가지 상황적 변수로 인해 이를 일반화하기에는 어려움이 있다.

그런데 이를 반대편의 관점에서 바라보면 리더십의 성공을 보다 쉽게 찾을 수도 있다. 즉 리더십의 실패를 가져온 요인들을 찾아보고 리더 혹은 예비 리더들이 같은 실수를 하지 않도록 하는 것이다.

리더십의 성공 요인은 개인이 처한 환경이나 상황에 따라 다양하지만 리더십의 실패 요인은 상대적으로 다양성이 덜하다. 그만큼 리더십 실패 요인은 다양한 조직이나 상황 등에서의 교집합 영역이 크다는 것이다.

리더십 실패 요인 중 하나를 예로 들면 자신의 욕구나 본능을 이겨내지 못한 리더는 실패했다는 것이다.

생존에 대한 욕구는 물론, 명예에 대한 욕구, 돈이나 물질에 대한 욕구 혹은 심리적이거나 신체적인 본능 등에 따라 생기하고 움직인 리더들이 동서고금을 막론하고 그 리더가 처한 상황이나 환경에 관계없이 하나같이 끝이 좋지 않았다는 점이 이를 증명해준다. 리더 자신뿐만 아니라 그 조직까지도.

이렇게 접근해보면 리더십의 성공을 위해서는 역설적으로 리더십 실패 요인을 찾는 것이 보다 효과적이라고 볼 수 있다. 리더십 실패 요인들은 성공 요인에 비해 변수가 적어 상대적으로 일반화하기가 용이하고 다루어야 할 내용들도 명쾌한 면이 있다.

아울러 효율적이고 효과적인 리더십 개발 및 교육을 하고자 한다면 리더십 실패 요인을 찾고 이를 공통적으로 다루어야 할 일종의 기본과정으로 접근해 볼 필요가 있다. 이와 함께 교육대상이나 조직 혹은 업業 등과 관련된 리더십은 상황과 수준에 맞는 개별적인 심화과정으로 전개해보는 시도도 해 봄직하다.

리더십에 대한 끊임없는 관심 그리고 리더십 개발에 대한 수많은 투자와 시도는 리더십의 성공이 리더 개인의 성공을 넘어 조직과 사회의 성공, 더 나아가서는 인류의 성공으로 이어지기 때문이다.

따라서 리더십은 리더만 관심을 가져야 하는 것이 아니라 모두의 관심이 집중되어야 한다. 그리고 최선의 리더십을 추구하는 것과 마찬가지로 최악의 리더십을 회피하는 접근도 이루어져야 한다.

이런 측면에서 찾아낸 리더십 실패 요인들은 리더십 성공을 위한 일종의 안전장치와도 같은 역할을 할 수 있을 것이다. 그러니 주변에서 리더십 실패 요인이 보이면 혀끝을 차고 등을 돌리지 말고 이를 타산지석으로 삼아 하나의 교훈 lesson learned으로 축적하고 이를 제거해나가는 노력을 기울여야 하겠다.

리더십의 성공을 위해 필요한 요인들을 찾아 하나하나 추가하는 것만큼 리더십의 실패를 가져오는 요인들을 찾아 하나하나 없애는 것도 리더십을 발휘하는 데 큰 영향을 미치기 때문이다.

2   자기다움

나누고 싶은 생각
- 자기다움의 중요성
- 자기다움을 찾는 방법
- 상대방의 자기다움에 대한 이해

　　출근하면 피곤하다는 이야기들을 한다. 퇴근 후에도 피곤함이 가시지 않는 경우가 많다. 피곤함의 원인은 스스로가 역할연기role playing를 하기 때문이기도 하다. 가면mask을 쓰고 있다는 표현도 해당된다. 자신에게 주어진 가면 혹은 스스로가 인식하고 있거나 주변에서 기대하는 모습에 부응하는 말과 행동들을 하다 보니 피곤해지는 것이다.

　일례로 출근할 때의 모습이 A라면 퇴근 후의 모습은 B가되니 매번 역할이 바뀔 때마다 이에 적합한 모습을 보여주기 위한 노력이 필요하게 된다. 그리고 이러한 노력은 고스

란히 피로로 누적되는 것이다. 더군다나 본연의 모습, 즉 실제의 자기다운 모습이 C라면 피로는 쉽게 풀리기 어렵다.

이런 상황이 반복되면 악순환이 시작된다. 이러한 악순환의 고리를 끊기 위해서 필요한 것이 있다. 자신의 고유한 모습, 다시 말해 자기다움을 찾고 그에 맞는 언행을 하는 것이다. 역할연기를 하지 않거나 그 빈도를 줄이는 것만으로도 효과가 있다.

자신의 고유한 모습은 외적으로 드러나는 것에서는 찾기 어렵다. 외적으로 드러나는 것이란 일종의 프로필이다. 직업이나 경력, 자격증과 같은 것들도 포함된다. 많이 알려진 비유의 대상인 빙산에 대입해보면 자기다움은 수면 아랫부분에 위치한다. 겉으로 보이는 자신의 모습은 그야말로 빙산의 일각인 셈이다. 이렇게 보면 외적인 모습은 자기다움이라기보다는 자기다움에 기반한 결과에 해당된다. 거꾸로 접근할 수는 없다. 인과관계를 생각해보면 된다.

그렇다면 리더의 자기다움은 어디에서 찾을 수 있을까? 개인이 추구하는 가치나 방향 혹은 기준 등은 자기다움을 찾는 데 도움을 준다. 흥미를 가지고 있는 분야나 자신의 강점 그리고 내면에 자리 잡고 있는 욕구에서도 자기다움을 찾을 수 있다.

아울러 예전에 비해 비교적 쉽게 접근해 볼 수 있는 각종 진단도구들도 자기다움을 찾는 데 도움을 받을 수 있다. 문제는 스스로 자기다움이 어떤 것인지를 모르거나 찾고자 하지도 않을 때다. 이렇게 되면 생각대로 사는 것이 아니라 사는 대로 생각하게 될 수 있다.

혹자는 별문제가 아니라고 할 수도 있다. 하지만 자신의 생각이 없는 상태에서 주어진 역할을 수행한다면 삶의 주체가 되기 어렵다. 또한 삶과 일 그리고 관계에 있어 지속적으로 스스로를 움직이게 만들 수 있는 동력이나 에너지를 얻기도 쉽지 않게 된다. 어려움이나 장애물이 있다면 극복하는 것도 힘들어진다. 게다가 자신이 하고 있는 일에 대한 의미를 스스로 인식하지 못할 수도 있다. 이렇게 되면 삶과 일에 있어 주인의식ownership을 갖기도 어렵다. 그래서 이러한 문제를 해결하거나 애당초 문제를 야기하지 않으려면 하루라도 빨리 자기다움을 찾아야 한다.

자기다움이 어떤 것인지를 알게 되면 그동안 해왔던 결정이나 선택 또는 행동들을 비롯해서 자신이 앞으로 무엇을 하려고 하는지 그리고 자신이 어떻게 행동해야 할지 등에 대한 이야기를 할 수 있다. 이를 달리 표현하면 스토리가 있는 삶을 살 수 있다는 것이기도 하며 퍼스널 브랜딩personal branding의 근간을 만드는 것이라고도 할 수 있다.

한편 리더는 자신의 자기다움을 찾아 나가는 동시에 함께 있는 팔로워의 자기다움도 찾아야 한다. 팔로워의 자기다움 역시 겉으로 봐서는 알기 어렵다. 이 역시 팔로워의 내면에 위치하기 때문이다. 그래서 겉만 보고 팔로워를 안다고 생각하는 경우, 선입견이나 편견에 휩싸이기 쉽다. 이렇게 되면 본의 아니게 오해를 하거나 원치 않는 갈등이 생길 수도 있다.

팔로워와의 관계에서 이러한 상황을 만들고 싶지 않다거나 관계를 개선하고자 한다면 팔로워의 자기다움은 무엇인지에 대해 관심을 가져볼 필요가 있다. 관심은 관찰로 이어진다. 이때 입체적인 관찰이 필요하다. 정면으로만 볼 것이 아니라 위나 아래에서도 봐야 한다. 종이컵을 예로 들면 정면에서 본 종이컵은 사다리꼴이다. 하지만 위나 아래에서 본 종이컵은 원형이다. 팔로워도 마찬가지다. 매번 같은 쪽에서만 관찰하게 되면 달리 보일 것이 없다. 하지만 리더가 관찰의 위치, 즉 관점을 바꾸면 달리 보이게 된다. 리더로서

팔로워의 자기다움을 찾고자 한다면 익숙한 대로 보는 것을
넘어서야 한다.

결과적으로 리더 자신은 물론, 팔로워의 자기다움을 알게
되면 적어도 역할연기나 가면을 쓰는 빈도가 줄어든다. 피
로감도 덜하다. 무엇보다 자기다운 모습을 보여줄 수 있기
에 보다 자신감도 생기고 주도적이며 능동적으로 지낼 수도
있다. 무엇보다 자기다움을 알게 될 때 이전과는 다른 삶이
펼쳐지고 관계가 형성된다.

3 성찰

나누고 싶은 생각
- 경험을 통한 학습
- 객관적인 자기분석
- 주변 환경과의 연관성

연말이 되면 자연스럽게 해 보는 것이 있다. 이른바 되돌아보기다. 그런데 사실상 매년 반복되는 일이기에 어느 순간부터는 기계적으로 하게 되는 경우도 있고 의미를 찾지 못하기도 한다. 물론 그렇다고 해서 이와 같은 시간을 갖는 것이 불필요한 것은 아니다.

바둑에서는 이와 같은 행위를 복기復期라고도 한다. 대국이 끝난 후 처음부터 순서대로 다시 두는 것을 의미한다. 복기는 잘잘못을 가리기 위해 하는 것은 아니다. 과거로부터의 배움이자 미래에 대한 준비의 과정이다.

이와 같은 복기를 개인으로 가져오면 성찰省察이라고 할 수 있다. 성찰의 방법은 다양하다. 그리고 생료로니는 실이다. 즉 얼마나 많은 시간을 성찰의 시간으로 할애했느냐보다는 얼마나 깊이 있는 성찰을 했느냐가 중요하다.

리더가 성찰해봐야 할 세 가지가 있다. 첫째, 자기 자신을 되돌아봐야 한다. 이를 위해서는 지난 1년여간의 기록을 살펴봐야 한다. 라이프 로그life log라고도 일컬어지는 자신의 SNS가 대표적인 기록이다. 그동안 자신이 어디를 다녀왔고 무엇에 반응을 보였으며 어떤 생각들을 해왔는지 등이 담겨 있을 가능성이 크다. 휴대폰 통화의 상대나 주고받은 메시지 등도 기록 중 하나다. 주로 만나고 연락했던 사람들은 누구인지를 비롯해서 왜 만났는지 등과 같은 내용들을 돌이켜 볼 수 있다.

이와 같은 기록에서 찾아봐야 하는 것들이 있다. 아쉬움이 남았던 것, 설렘을 느꼈던 것 그리고 호기심이 생겼던 것들이다. 자신의 삶 속에서 느낀 것들은 대개 흥미나 욕구와 관련되어 있을 가능성이 크다.

둘째, 하고 있는 일을 되돌아봐야 한다. 이때 주관적인 생각에 국한되면 안 된다. 주관적인 생각은 자칫 스스로를 보호하거나 자기만족에 치우치게 만들 수도 있고 거꾸로 스스로를 비하하거나 불만족스러웠던 일이나 결과를 타인의 탓으로 돌리게 될 수도 있기 때문이다. 그래서 하고 있는 일에 대해서는 객관적인 사실과 결과들을 함께 살펴봐야 한다. 가시적인 성과나 인사평가 결과 또는 학점이나 성적 등도 포함된다.

아울러 공식적인 내용은 아닐지라도 주변으로부터 받은 피드백도 놓치지 말아야 할 요인이다. 이와 같은 자료들을 통해 찾아봐야 하는 것들 중 하나는 자신이 하고 있는 일과 관련해서 스스로가 보유하고 있는 강점이다. 그리고 주변에서 자신에게 기대하는 것들도 포함된다. 철저한 분석deep dive도 빠져서는 안 된다. 이는 개선과 변화 측면에서 유용하다.

셋째, 주변을 되돌아봐야 한다. 주변은 자신의 관심사라고 볼 수 있으며 한 걸음 더 내디뎌 보면 의미라고 볼 수도 있다. 이를 위해서는 자신이 관심을 갖고 있거나 의미를 두고 있는 분야나 주제의 뉴스와 책은 물론이고 만나는 사람들도 되돌아봐야 한다. 이를 통해 이슈나 트렌드를 읽어낼 수도 있으며 의미를 공고히 하거나 새롭게 찾을 수도 있다.

만일 그동안 자신이 만들어 놓은 생각과 행동의 울타리에서 벗어나지 못했다면 주변을 되돌아봄으로써 울타리를 넘어설 수도 있고 울타리를 넘치는 계기를 만들 수도 있다. 결과적으로 주변을 되돌아보며 자기 자신과 자신이 하고 있는 일 그리고 관계에 대한 의미를 찾을 수 있다.

이미 지나간 일을 되돌아본다는 것은 생각하는 것 이상으로 큰 의미가 있다. 되돌아보는 것이 배움의 과정이자 방법이기 때문이다. 더군다나 되돌아보는 것은 자신의 미래와 관련이 있다. 되돌아봤을 때 발견한 아쉬움이나 설렘 그리고 호기심은 물론, 개선사항이나 의미 등은 앞으로 자신이 내다봐야 할 것이기도 하다.

아울러 되돌아보는 과정에서 필연적으로 마주하게 되는 자신의 약점이나 부족한 점도 간과해서는 안 된다. 만일 이를 무시하거나 경시하게 된다면 개인적인 측면이든 조직적인 측면이든 결정적 순간에 장애물로 다가올 수 있기 때문이다.

그래서 대충 되돌아볼 것이 아니라 하나하나 정성껏 되돌아봐야 한다. 그래야 제대로 배울 수 있고 새롭게 시작할 수도 있기 때문이다.

이런 점에서 보면 되돌아보는 것의 대상이라고 할 수 있는 결과를 끝맺음이라고 볼 수도 있지만 출발점이라고 볼 수도 있다. 그리고 그동안 해왔던 성찰을 달리 해 보면 사뭇 다른 느낌을 받을 수도 있고 이를 통한 도약의 발판을 마련해 볼 수도 있다.

4 정체성

나누고 싶은 생각

- 우선순위와 중요성
- 관계 형성과 유지
- 목표와 가치 기반 일정

'9월 10일 오후 5시, ○○ 보고서 제출', '9월 14일 오후 6시, ○○ 저녁 약속' 이와 같은 일정들을 비롯해서 다양한 약속이나 개인적으로 기억해야 할 일 등이 휴대폰에 저장되어 있다.

일정들을 살펴보니 몇 가지 특징들이 보인다. 먼저 대부분의 일정들은 잊어버리거나 놓치게 되면 자신에게 해害가 되거나 불이익을 받게 되는 일이다. 주로 업무적인 일들이나 경제적인 측면과 관련된 일들이 그렇다. 그래서 전날 또는 몇 시간 전에 이를 알려주는 알람을 설정해 놓기도 한다.

또 다른 특징은 지키지 못하면 관계가 훼손되는 일들이다. 팔로워나 파트너와의 약속을 비롯해서 이메일 회신 등도 포함된다. 물론 한두 번 정도의 일정 조정이나 양해를 구하는 것은 문제가 되지 않는다. 하지만 그 이상 반복되거나 지켜지지 않는다면 신뢰의 문제로까지 이어지게 된다. 이른바 동화 속 양치기 소년이 될 수도 있다.

그리고 주로 머지않은 시간에 이루어질 일이라는 것도 특징으로 볼 수 있다. 특별한 경우가 아니라면 대개는 몇 개월 이내의 일정들이 많다. 그러다 보니 개인의 일정은 주로 미시적이고 단기적인 측면에서의 일들을 중심으로 선정되고 저장되는 경우가 많다.

물론 이러한 일정들은 현상을 유지하는 측면에서 보면 문제가 없다. 다만 미래를 준비하는 것에는 부족함이 생긴다.

한편 개인적인 측면에서의 중요한 일들도 저장된 일정들의 특징 중 하나다. 스스로 정한 목표나 일상에서 반복적으로 해야 하는 일들이 예가 될 수 있다.

이와 같은 일들은 업무적인 측면이나 관계적인 측면에서 볼 때 중요한 일들은 아닐 수 있다. 그래서 지키지 않아도 문제가 되지 않을 수 있다. 하지만 이러한 성격의 일정들은 자신과의 약속이기에 지키지 못하는 경우에는 사뭇 결이 다른 상실감을 느끼게 되기도 한다.

이와 같은 특징들은 공통점이 있다. 주로 자신을 중심에 놓고 있다는 것이다. 다른 표현으로 하면 자신에게 도움이 되는 일들이 주로 자신의 일정표에 저장되어 있다는 것이기도 하다. 일정을 만드는 경우에도 그렇고 일정을 조율하거나 조정해야 하는 경우에도 비슷하다. 잘못된 것은 아니지만 아쉬움은 남는다. 자신의 일정에 저장되지 않은 일들에 대해서는 미루거나 등한시할 수도 있기 때문이다.

이러한 아쉬움을 없애기 위해서는 해야 할 일들에 대한 정리가 필요하다. 이른바 우선순위를 재정렬해보는 것이다. 지금껏 현재와 가까운 미래에 해야 할 일들을 중심으로 자신의 일정들이 채워졌다면 보다 장기적이고 거시적인 관점에서 수행해야 할 일들을 선별해보는 것이다. 그 일들은 자신이 추구하는 삶의 목적과 가치와 관련된 일들이라고 볼 수 있다. 이렇게 해야 자신의 삶에 있어 중요한 일을 놓치지 않을 수 있다.

그동안 관계를 유지하기 위한 약속이 주를 이루었다면 관계를 형성하고 강화하기 위한 약속을 계획해봐야 한다. 일례로 자신이 소중하게 여기는 사람이 있다면 그 사람과 함께하는 시간이 일정에 저장되어 있어야 한다. 아울러 자신에게 도움이 되고 이익이 되는 것을 넘어 타인에게 도움을 주고 이익을 줄 수 있는 것들도 자신의 일정으로 들어와야 한다. 넓게 보면 이타적인 삶을 위한 포석이기도 하고 좁게 보면 공동체 일원으로서의 삶을 살기 위해서이기도 하다.

결과적으로 리더의 일정에는 이와 같은 일들이 저장되어 있어야 한다. 그동안 저장하고 기록된 자신의 일정들을 살펴보자. 바쁘게 지낸 것과 계획된 일정을 차질 없이 소화한 것에 대한 만족감을 느끼기 위해서가 아니다. 그동안의 일정이 얼마나 의미가 있었는지를 돌이켜보기 위해서다.

다음으로는 의미가 있는 일정을 계획하고 저장하고 알람을 설정해보기 위해서다. 리더의 일정은 표면적으로는 해야할 일들로 보인다. 하지만 심연에는 리더가 추구하고 지키고자 하는 가치와 비전 그리고 목표가 담겨 있다. 그래서 리더의 일정은 자신의 정체성과 삶의 방향을 보여주는 이정표이기도 하다.

만일 자신의 일정을 보고 스스로를 설명하기 어렵다면 스스로를 설명할 수 있는 일정들을 생각해보고 기록해보

자. 이것만으로도 삶의 의미와 자신의 정체성을 찾아갈 수
있다.

5 성장

나누고 싶은 생각
- 다양한 학습 유형 인식
- 문제해결 능력 강화
- 콘텐츠 생성과 공유

일상에서 마주하는 상황들이 있다. 이를테면 새로운 경험을 하게 되거나 불편함을 느끼는 경우 그리고 모르면 피해를 입을 수 있거나 알고 있으면 도움이 되는 경우 등이다.

개인이 이와 같은 상황에 처하게 되면 자연스럽게 학습을 하게 된다. 이른바 자기주도학습이다. 자기주도학습은 이처럼 개인이 상황을 인식해야 가능하다.

자기주도학습이 지향하는 바는 크게 세 가지다. 첫째, 개인 측면에서 보면 자기만의 브랜드personal brand를 구축하기 위해서다. 둘째, 업무 측면에서 보면 전문가professional로 성장 하기 위해서다. 그리고 셋째, 상황 측면에서는 개인과 조직 의 성장 가능성possibility을 확장시키기 위해서다.

그런데 자기주도학습은 생각만큼 쉽게 이루어지지 않는 다. 먼저 지금까지 주로 타인주도학습에 노출되었기 때문 이다.

타인주도학습은 음식에 비유해보면 정해진 메뉴이고 만 들어진 음식이다. 그런데 자기주도학습은 다르다. 자신이 직접 정해야 하는 메뉴이고 손수 만들어야 하는 음식과 같 다. 그래서 자기주도학습은 개인의 자율성과 주도성이 확보 되어야 가능하다.

다음으로는 자신에게 적합한 학습 유형을 제대로 알지 못하고 있기 때문이다. 학습 유형은 다양하다. 크게는 소비 자, 개발자, 추천자 그리고 전달자의 유형으로 구분해볼 수 있다.

소비자 유형은 상대적으로 수동적인 학습 유형이지만 익 숙한 면이 있다. 학창시절을 떠올려보면 된다. 학습에 있어 상호작용을 선호하지 않거나 내향적인 성격도 영향을 미칠 수 있다.

개발자 유형은 크리에이터로서 학습하는 유형이다. 예를 들면 자신이 학습한 내용을 문서나 영상 등과 같이 여러 가지 형태의 결과물로 만들어내는 과정을 통해 학습하는 것이다.

그리고 추천자 유형도 있다. 이들은 자신이 학습한 내용을 다른 사람들에게 간접적으로 전달하고 공유하는 활동을 즐기는 경우가 많다. 주로 SNS에서 접하게 된다.

마지막으로 전달자 유형이다. 이는 자신이 학습한 내용을 각종 커뮤니티나 강단에서 가르치면서 학습하는 유형이다. 물론 어느 유형이 좋고 나쁘고는 없다. 개인의 특성에 따른 차이가 있기 때문이다.

효과적인 자기주도학습을 위한 방법 중 하나는 스스로 문제를 출제해보는 것이다. 다른 말로 하면 학습 방법에 변화를 주는 것이다. 지금까지는 듣기와 읽기 중심으로 학습해왔다면 앞으로는 쓰기와 말하기 중심으로 학습해보는 것이다.

다음으로 스스로 콘텐츠를 만들어보는 것도 좋다. 이는 학습효과를 확인해볼 수 있는 방법이기도 하다. 콘텐츠의 유형은 글이 될 수도 있고 영상이나 강의 등이 될 수도 있다. 자신이 학습한 내용에 기반해서 직접 만든 콘텐츠는 잘 잊히기 않는다. 자기기억에 저장되기 때문이다.

학습 동료를 구하는 것도 추천한다. 이는 학습에 대한 만족도를 증대시키고 지속적인 학습을 가능하게 만들어 줄 수 있다. 상황에 따라 다르겠지만 자발적인 학습커뮤니티나 온라인 또는 오프라인에서 접할 수 있는 학습솔루션을 활용하는 것도 좋다.

리더에게 있어 자기주도학습이 필요한 이유가 있다. 먼저 지식의 반감기가 단축되고 있기 때문이다. 보다 쉽게 표현하면 과거에 비해 지식의 유효기간이 짧아졌다는 것이다. 그래서 자기주도학습이 이루어지지 않으면 현상 유지는커녕 진전을 기대하기 어렵다.

다음으로는 지식 및 스킬 습득에 대한 오너십이 변화되었기 때문이다. 과거에는 특정 조직이나 사람에 의존해서 습득하는 경우가 많았지만 지금은 다르다. 마음만 먹으면 얼마든지 개인이 오너십을 가지고 접근하고 습득할 수 있는 환경이 조성되어 있다.

아울러 개인별로 축적된 다양한 지식이 곧 조직의 경쟁력이 되고 있기 때문이기도 하다. 창의와 혁신 등을 담고 있는 아이디어나 결과물은 축적된 지식의 양과 연결 정도 등에 영향을 받는다. 따라서 조직 내 구성원 개개인이 보유하고 있는 지식이 얼마나 되고 이를 어떻게 연결하고 있느냐가 앞으로의 성장과 발전을 위한 동력으로 작용하게 된다.

이와 같은 점으로 미루어 볼 때 리더의 자기주도학습과 이를 조성하는 문화를 구축하는 것은 개인의 성장 욕구 충족은 물론, 조직과 개인의 상생win-win을 위해 간과할 수 없는 점이라고 할 수 있다.

6 도덕적 해이

나누고 싶은 생각

- 조직문화 개선
- 투명하고 개방적인 의사소통
- 개인과 조직의 가치

"직무상 알게 된 내부 정보를 이용해서 개인적으로 투자하는 것에 대해 어떻게 생각하십니까?", "사무실 비품이 남아있는데 집으로 가지고 가도 괜찮지 않을까요?", "사적인 모임에서 한 번쯤은 법인카드로 결제할 수도 있는 거 아닌가요?"

만일 채용 면접 시 면접관으로부터 이와 같은 질문을 받았다면 한 치의 망설임도 없이 "옳지 않다.", "바람직하지 않다." 혹은 "자신은 절대로 그럴 일이 없다." 등의 반응을 보일 것이다. 더 나아가 과거에 유사한 상황이나 자신의 직·간접적인 경험까지 들어가며 "자신은 그런 사람이 아니다."라고 말할 수도 있다.

서류상으로 보나 면접상으로 보나 큰 결함이 보이지 않는 입사 지원자는 그렇게 조직의 구성원이 된다.

그런데 그중 극히 소수이기는 하겠지만 종종 자신의 말과는 다른 행동을 하는 경우를 접하게 된다. 이른바 도덕적 해이moral hazard가 드러나는 것이다.

구성원의 도덕적 해이를 단순히 개인의 일탈로 한정 지어 적당한 선에서 마무리하고 싶을 수도 있다. 하지만 이는 그리 간단하게만 볼 문제가 아니다.

구성원의 도덕적 해이는 수준을 막론하고 개인을 넘어 조직의 내부적인 분위기에 영향을 줄 수 있기 때문이다. 이와 함께 그 내용의 심각성 여부나 정도의 많고 적음의 문제로 접근하지 않기 때문이기도 하다. 범사회적으로도 물의를 일으키거나 부정적 영향을 미친다는 점도 문제다.

그렇다면 구성원의 도덕적 해이는 어디에서 비롯되는 것일까?

채용의 문제일까? 그래서 지금보다 더 정교하고 물샐틈 없는 채용 프로세스와 방법을 마련하면 해결될까? 채용의 문제가 아니라면 교육의 문제일까? 대대적으로 교육체계나 내용을 개선하면 해결될까? 만일 채용이나 교육 등에서의 문제가 아니라면 혹시 조직문화나 리더십의 문제일까?

쉽사리 특정 짓기 어려울 것이다. 구성원의 도덕적 해이가 발생한 원인은 채용에서부터 리더십에 이르기까지 조직의 여러 가지 측면과 연결되어 있기 때문이다. 더군다나 원인이 조직 외부에 있을 수도 있다. 이를테면 개인적이나 사회적으로 변질된 가치나 목표 등이다.

이와 함께 도덕적 해이는 특정 시점에 우연히 일시적으로 나타난다고 보기 어렵다. 그보다는 조직 내에서 상대적으로 오랜 기간 동안 소위 말하는 관행 등과 같은 용어로 포장되어 곳곳에 스며들어 있다가 드러나게 되는 경우가 많다. 그래서 구성원의 도덕적 해이는 한 명이 한 번으로 그치고 마는 것이 아니라 꼬리에 꼬리를 물고 가늘고 길게 이어지기도 한다.

그래서인지는 몰라도 조직 내에서 도덕적 해이가 발각된 구성원이 있다면 그동안은 문제가 없었고 다른 사람들도 했는데 유독 자신은 운이 없었다고 생각하기도 한다. 물론 이와 같은 생각이나 말이 궤변임에도 불구하고 말이다.

이와 관련 조직에서는 구성원들의 도덕적 해이가 나타나지 않도록 여러 가지 제도나 시스템을 마련해 놓고 있다. 컴플라이언스compliance나 휘슬 블로어whistle blower 등과 같은 것이 예가 될 수 있다. 물론 교육도 빠질 수 없다. 직무순환 등과 같은 각종 인사관리 역시 일조하는 면이 있다.

그러나 조직 내에서 이와 같은 제도나 시스템이 제대로 잘 작동되고 있는지에 대해서는 다시 한번 살펴볼 필요가 있다. 도덕적 해이는 몰라서 나오는 것이 아니라 알면서 하는 것이기 때문에 조직 차원에서만 접근할 것이 아니라 개인 차원에서는 어떻게 접근해야 할지에 대해서도 생각해봐야 한다.

뉴스페이퍼 테스트newspaper test는 개인이 도덕적 해이에 빠지지 않도록 해주는 쉽고 간단한 방법 중 하나다. 지금 자신이 하고 있는 행동이 다음 날 신문에 나와도 문제가 없는지를 생각해보고 만일 문제가 될 것이라고 여겨진다면 하지 않는 것이다. 이 정도의 판단을 하는 데 소요되는 시간은 짧다.

또한 거울로 자신의 얼굴을 보는 것도 방법이 될 수 있다. 특히 자신의 눈을 보면 보다 효과적이다. 시선을 받거나 느끼는 것만으로 행동의 변화를 이끌어낼 수 있다. 무인 상점에 비치된 물건의 가격표 위에 눈eye이 그려진 그림이 붙어 있는 경우, 고객들의 지불 비용이 300% 증대되었다는 연구도 있다.

입사를 위해 작성했던 자기 소개서를 살펴보는 것도 방법이다. 작성된 내용 중에서 자신이 추구하는 삶과 일에서의 가치나 비전 등을 다시 본다면 굳이 앞서 제시했던 제도나 시스템 혹은 방법 등을 사용할 일이 없을 것이다.

다른 사람은 다 속여도 자기 자신은 못 속인다는 말이 있다. 소탐대실小貪大失이라는 사자성어도 일상에서 종종 듣게 된다. 이견이 있을 리가 만무하다. 이와 같은 말들은 스스로가 도덕적 해이에 빠지지 않도록 경종을 울리는 것이 아닌가 싶다.

7 팔로워

나누고 싶은 생각
- 상호보완적인 리더-팔로워 관계
- 리더와 팔로워 간의 역할
- 자기주도성과 책임감

조직의 핵심역량은 인적자원으로부터 출발한다. 조
직 내 인적자원은 크게 리더leader와 팔로워follower로 구분된
다. 그리고 급격한 환경 변화에 능동적이고 적극적으로 대
처하며 치열한 경쟁 속에서 조직의 지속적인 성장을 이루기
위해서는 무엇보다도 조직 내에 리더십을 발휘할 수 있는
리더를 육성하는 것이 매우 중요하다고 할 수 있다.

그러나 리더의 리더십만으로는 조직의 지속 성장을 보장
할 수 없다는 인식이 형성되고 여러 사례들이 나타나기 시
작하면서 리더와 함께 인재육성의 또 다른 축이라고 할 수

있는 팔로워에 대한 관심과 중요성이 대두되고 있다.

어떤 조직에 리더가 존재한다면 거기에는 반드시 팔로워도 존재한다. 조직 내에서 팔로워는 리더와 마찬가지로 지위의 개념이 아니라 역할의 개념이 더 강하다. 이는 마치 리더와 팔로워가 동전의 앞뒷면과 같아서 그 가치가 다르지 않다는 것을 의미하기도 한다.

팔로워는 리더와 대립적인 관계가 아니라 상호보완적인 관계라고 볼 수 있으며 지속적인 상호작용을 통해 서로의 역할을 잘 수행할 수 있도록 지원을 아끼지 말아야 한다.

이런 측면에서 보면 조직 내 팔로워는 단순히 리더를 따르거나 순응하는 사람은 아니다. 조직의 발전에 기여하고 조직의 정책과 문화를 조성하고 표준을 만드는 데 도움을 주는 사람이다. 그리고 이를 위해 열정과 지성, 자기 믿음을 가지고 참여함은 물론, 일 자체를 하고 싶어 하고 옳은 일에 신명을 바치며 자족할 줄 아는 사람이기도 하다.

팔로워는 리더의 성공적인 리더십에 공헌하는 것은 물론, 리더의 1차적인 보조자이며 조직 내에서 실질적인 업무를 수행한다.

이와 같은 팔로워의 역할을 수행하는 경우라면 몇 가지

염두에 두어야 할 점이 있다. 그중 하나는 팔로워로서 리더를 부각시켜 줄 수 있어야 한다는 것이다. 이를 위해 팔로워는 조직 내에서 리더가 추구하는 비전과 목표는 물론, 리더가 지닌 역량이 더욱 부각되고 극대화될 수 있도록 지원해야 한다.

리더가 균형을 잃지 않도록 만드는 것도 빼놓을 수 없다. 팔로워는 리더가 한쪽 방향으로 치우치거나 독선에 빠지지 않도록 적절한 피드백과 조치를 해야 한다. 만약 리더가 잘못된 방향으로 가고 있다면 직언할 수도 있어야 한다. 이때 조직이 추구하는 미션과 비전 그리고 가치를 기준으로 접근해야 하는 것은 두말할 나위도 없다.

팔로워로서 본연의 업무를 잘 수행해야 하는 것은 당연하다. 이는 시계의 모든 부품이 각자의 위치에서 기능을 잘 발휘해야 시간이 어긋나지 않는 것처럼 팔로워 역시 조직 내 자신의 영역에서 제 기능을 다해야 한다는 것이다.

아울러 조직 내 구성원들 간 가교도 되어야 한다. 팔로워는 구성원들과 정서적으로 공감대를 형성해야 하는 것을 비롯해서 리더와 구성원들 사이의 유대감도 만들어나가야 한다. 한마디로 팔로워가 조직구성원들 간 소통의 문고리를 잡고 있는 것이다.

종합하면 팔로워는 리더와 조직을 건강하게 만드는 역할을 한다고 볼 수 있다. 그리고 팔로워의 어원인 'Follaziohan'의 의미가 리더를 돕는 사람, 공헌하는 사람이라는 것을 살펴보면 팔로워로서 역할을 수행하기 위해 무엇을 준비하고 어떻게 접근해야 하는지를 짐작할 수 있다.

이때 간과해서는 안 되는 것이 있다. 리더 역시 팔로워라는 것이다. 어느 조직에 있든지 간에 리더에게는 자신의 상위 리더가 있게 마련이다. 그리고 상위 리더의 입장에서 보면 팔로워이기도 하다. 따라서 리더는 리더의 역할을 수행함과 더불어 필연적으로 팔로워로서의 역할도 수행해야 한다는 점을 잊어서는 안 된다.

8 고경력 비보직자

나누고 싶은 생각

- 암묵지의 전수를 통한 지식 공유
- 팔로워십 역량개발과 역멘토링
- 내적인 보상과 고차원적 욕구 충족을 통한 몰입

F11. 모든 키보드에 포함되어 있는 버튼이지만 평소 사용해 본 적이 없는 것 같다. 이 버튼의 기능도 잘 모른다. 그런데 이 버튼은 구성원들이 바라보는 고경력 비보직자에 대한 이미지 중 하나이기도 하다.

이처럼 조직 내 고경력 비보직자에 대한 구성원들의 인식은 그다지 긍정적이지만은 않다. 하지만 존재하는 것은 분명하고 기능이나 역할 그리고 차별화된 장점도 있다.

이들의 장점 중 몇몇을 살펴보면 업무적인 측면에서는 조직에서 오랜 기간의 업무 수행을 통해 전체적인 업무의 흐름이나 방향에 대한 이해도가 높으며 여러 가지 문제를 해결해 본 경험이 있다는 것을 들 수 있다. 문제를 해결하지 못한 경우 역시 무시할 수 없는 경험에 포함된다.

관계적인 측면에서는 조직 내/외부의 다양한 인적 네트워크가 형성되어 있어 상대적으로 업무 협조가 원활하고 다양한 경로를 통해 문제해결 방안을 모색해볼 수 있다는 장점이 있다. 그리고 개인적인 측면에서는 소속된 조직에 대한 그동안의 스토리와 수행하는 업무 배경을 알고 있다는 것 등도 꼽을 수 있다.

결과적으로 이들은 업무적으로나 관계적으로 성공과 실패의 경험이 있으며 조직의 역사와 함께 축적된 남다른 지식과 기술을 보유하고 있다. 게다가 대내외적으로 다양한 인적 네트워크 등도 가지고 있다. 이렇게 보면 이들은 한마디로 조직 내 인적 자산human resource이라고 하기에 부족함이 없다.

하지만 이들이 지니고 있는 이와 같은 장점에도 불구하고 여러 측면에서 상대적인 아쉬움과 안타까움이 남아있다. 예를 들면 이들에 대한 전관예우와 같은 분위기가 조성되어 업무에 있어 상대적으로 형평성이 결여되어 있다고 느끼거나 업무의 속도가 느리고 성과가 명확하게 나타나지 않는 것 같다는 아쉬움이다. 더군다나 현실적으로는 상위 직급이나 직책으로의 이동이 제한되기에 외적인 동기부여책도 마땅히 없다는 것 등은 안타깝다. 물론 이는 비단 조직의 문제만은 아니다.

조직에서 고경력 비보직자에 대해 부정적인 이미지가 형성되고 이슈가 제기된 배경 중 하나는 이들에 대한 선입견과 무관심이기도 하다. 리더의 입장에서는 자신보다 연배가 높은 이들에게 업무에 있어 조금이나마 배려를 해주어야 한다는 선입견이 작용하고 구성원의 입장에서는 이들이 어떤 경험과 역량을 갖고 있는지에 대해 알지 못하기에 자연스럽게 무관심의 대상이 된다.

아울러 조직 내 확연하게 구분된 세대 이슈도 한 몫을 한다. 개인을 중심에 놓고 조직생활을 하고 있는 세대와 조직을 중심에 놓고 조직생활을 했던 세대 간 이슈다. 이와 함께 승진에 대한 욕심이나 요구가 없고 일과 삶의 균형을 추구하는 현실도 현재의 고경력 비보직자는 물론, 미래의 잠재적 고경력 비보직자 이슈의 배경이기도 하다.

이와 같은 현상을 이슈로 생각하지 않고 자연스럽게 바라보는 경우라면 별다른 문제가 보이지 않는다. 그러나 이를 문제로 여기게 ㅇㅣㄱ고 조치를 취하지 않거나 차일피일 미루게 된다면 더 심각한 현실을 마주하게 될 수도 있다.

이를테면 조직 내 고경력 비보직자들이 느끼는 실패감이나 소외감 혹은 박탈감 등과 같은 심리적 요인과 다른 구성원들이 느끼는 부담감과 피로감 그리고 무관심 등과 같은 업무적 요인이 모여 전반적으로는 몰입이 저하되는 것이다.

더 큰 문제는 동질화homogenization에 있다. 현재의 고경력 비보직자들은 시간의 흐름에 따라 순차적으로 퇴직을 하면 되겠지만 다른 구성원들은 그렇지 않다. 긍정적인 측면에서 보면 고경력 비보직자들의 경험과 지식, 태도 등에 대한 동질화는 바람직하고 권장할 일이지만 부정적인 측면에서의 동질화는 그렇지 않다. 따라서 조직 내 고경력 비보직 구성원들의 이슈와 문제는 시점의 차이일 뿐 결국은 모두의 문제라고 할 수 있다.

그렇다면 고경력 비보직자가 지니고 있는 문제의 원인은 무엇일까? 조직 내에서의 성장 및 경력 성공에 대한 획일화된 인식과 불충분한 내적 동기부여 방안 그리고 조직 내에서 기여할 수 있는 범위에 대한 임의적인 축소 등이 원인이 될 수 있다.

이를 해결하기 위해서는 먼저 경력경로 측면에서 다양한 경로multi-track를 검토해 볼 필요가 있다. 대부분의 조직에서는 소위 말하는 리더십 파이프라인leadership pipeline을 통해 경력을 쌓아간다. 하지만 현실적으로 모든 구성원들이 이러한 경로에 들어올 수는 없다. 그리고 경로에는 들어왔으나 중간에 이탈되는 경우도 있다. 그래서 이들을 위한 별도의 경로가 필요하다. 예를 들면 전문가 경로expert pipeline다. 이 경로는 조직 내 리더 육성 측면보다는 전문가 육성에 중점을 두는 것이다.

다음으로는 이들의 장점에 기반한 프로젝트성 업무를 도출하고 부여하는 것이다. 예를 들면 현장의 문제를 해결해볼 수 있는 업무나 타 조직과의 협업 또는 대외적인 네트워크가 필요한 업무 그리고 이들의 경험을 접목하거나 전문성을 발휘할 수 있는 업무 등이다. 이때 조직 내 다른 구성원들과 함께할 수 있는 여건을 마련해준다면 이들이 지니고 있는 암묵지의 전수도 기대해볼 수 있다.

만일 교육적인 측면에서 접근하고자 한다면 이들을 대상으로 한 리스킬링re-skilling이나 업스킬링up-skilling 등과 같은 교육보다는 오히려 팔로워십followership 역량개발과 함께 구성원들을 대상으로 고경력자와 일하는 방법 등과 같은 역멘토링reverse-mentoring 교육이 보다 효과적일 수 있다. 팀워크 향상을 위한 팀 단위 교육프로그램도 필요하다.

이는 조직 내 고경력 비보직자들이 그동안 리더십 파이프라인 속에서의 경력개발과 교육을 받아왔기에 상대적으로 팔로워의 중요성을 간과하고 있거나 팔로워십을 발휘할 수 있는 역량개발에는 소홀했기 때문이다. 팀 차원에서는 서로에 대한 선입견과 무관심 등으로 인해 발생하는 문제를 해결하는 것이 필요하기 때문이기도 하다.

조직에서 고경력 비보직자는 어느 한 순간에 등장한 것은 아니다. 그리고 분명 이들이 지금의 조직에 기여한 당사자라는 사실은 두말할 나위가 없다. 다만 여러 가지 상황과 사정으로 인해 조직과 개인 모두 만족스럽지 못한 현실에 놓여 있을 수 있다.

따라서 리더로서 이와 같은 문제를 해결해보고자 한다면 이들의 요구와 목표와 함께 다른 구성원들의 인식을 공유할 수 있는 자리를 마련하여 느낌이 아닌 실제로 벌어지고 있는 것을 확인fact check해야 한다. 그리고 이들의 의지와 몰입,

열정을 재점화하기 위해서는 구조적인 관점structural frame에서의 접근보다는 상징적인 관점symbolic frame에서의 접근이 더 유용하다. 이들을 움직이게 만드는 힘은 외적인 보상보다는 내적인 보상이며 위생요인보다는 동기요인 그리고 저차원적인 욕구보다는 고차원적인 욕구에 있기 때문이다.

9   관점 전환

나누고 싶은 생각

- 내적 귀인歸因 강화를 통한 책임과 성장
- 외적 귀인歸因 회피를 통한 팀 협업
- 귀인貴人 찾기를 통한 리더의 지속적인 자기계발

살면서 마주하는 귀인이 있다. 하나는 자신에게 소중하고 중요한 사람을 의미하는 귀인貴人이고 또 다른 하나는 벌어진 일에 대한 책임을 귀속시키는 의미의 귀인歸因이다. 그리고 이 두 가지 귀인은 스스로의 인식이나 선택에 따라 사뭇 다른 결과를 가져오게 되는 경우가 많다.

이는 동일 인물이나 같은 결과일지라도 자신이 어떻게 접근하고 느끼느냐에 따라 때로는 장애물을 극복할 수 있는 힘이 되기도 하고 때로는 현실에 안주하거나 타협하게 만들기도 한다는 것을 뜻한다. 따라서 이 두 가지 귀인에 대해서는 각별한 관심을 가져야 하며 결코 소홀히 해서는 안 된다.

첫 번째 귀인貴人, 즉 소중한 사람은 어디에서 갑자기 나타나는 것은 아니다. 대개는 자신의 주변에 있는 경우가 많다.

그럼에도 불구하고 귀인이 없다고 생각하거나 만나지 못했다고 생각하는 이유가 있다. 한마디로 말해 그동안 그 사람의 진가眞價를 몰라봤기 때문이다. 진가는 강점이나 장점으로도 일컬어질 수 있다. 이는 미래의 행복만을 꿈꾸며 현재의 일에는 흥미를 느끼지 못하거나 관심을 갖지 않는 파랑새 증후군Blue Bird syndrome의 대상이 사람으로 바뀐 것이기도 하다.

다시 말해 어떤 사람의 진가는 상대방이 아무리 보여주려고 해도 정작 보는 사람의 관심이 없을 경우에는 보이지 않는 경우가 많다는 것이다. 또한 보는 사람이 자기 중심적인 관점에서 벗어나지 못하고 있는 경우에도 마찬가지다. 이렇게 되면 주변에서 귀인을 찾는 것은 쉽지 않은 일이 되고 주변을 벗어나 귀인을 찾는 것은 더욱 묘연해진다.

반면 보는 사람이 관점을 달리하면 주변 사람들의 진가들이 하나둘씩 보이기 시작한다. 그리고 자신의 주변에 있는 귀인들을 만나게 될 확률도 높아진다. 이는 『논어』에서 언급된 삼인행 필유아사三人行 必有我師에서도 찾을 수 있다. 겸손한 마음으로 다른 사람들을 보게 되면 그 속에서 자신의 귀인을 만나게 된다. 이렇게 보면 귀인을 만나기 위해서는 막연히 기다리거나 우연히 다가오기를 바라는 것이 아니라 지금 적극적으로 찾아 나서야 한다.

다음으로 두 번째 귀인歸因은 크게 내적 귀인과 외적 귀인으로 나뉜다. 이는 자신의 생각이나 행동을 통해 나타난 결과의 원인을 스스로에서 찾는지 아니면 외부에서 찾는지에 대한 이야기다.

흔히 잘못된 결과에 대한 책임은 스스로에게 돌리고 잘된 결과에 대한 원인은 함께한 사람들에게 돌려야 한다고 말한다.

하지만 정작 현실에서는 거꾸로 생각하거나 바람직하지 않게 보이는 경우도 종종 있다. 이른바 잘되면 내 탓이고 안되면 상대방 탓을 하는 것이다. 상대방을 탓하는 것이 바로 외적 귀인이다. 변명은 보다 쉬운 표현이기도 하다.

외적 귀인의 기저에는 결과에 대한 책임이 상대방이나 환경이라는 생각이 자리 잡고 있다. 흔히 '~때문에'로 시작되는 생각이나 표현이 대표적이다. 어떤 결과에 대해 외적 귀인을 하게 되면 당시에는 자신이 책임에서 벗어난 것처럼 보인다. 그러나 현실은 그렇지 않다. 만일 외적 귀인에 익숙해진다면 무책임은 증가하고 신뢰도는 저하된다. 이 두 가지 현상만으로도 현재와 미래의 삶과 일 그리고 관계에 치명적일 수 있다.

반면 내적 귀인을 하게 되면 상황은 달라진다. 이른바 성찰의 시간과 만날 수 있으며 실수나 실패를 극복할 수 있는 지혜와 힘도 얻을 수 있다. 이와 함께 주변에서의 격려와 지원이 이어지는 경우도 많다. 단 지나친 내적 귀인은 금물이다. 자칫 스스로를 비하하게 되거나 자신감을 상실할 수도 있기 때문이다. 그래서 내적 귀인은 벌어진 사실에 국한되어야 하며 그 이상의 상상이나 자책은 하지 말아야 한다.

귀인貴人을 만나고 귀인歸因을 하는 것은 스스로의 선택이다. 기다려서 만날 수 있는 것이 아니고 우연히 다가오는 것도 아니다. 관점을 달리하고 접근을 달리해야 만날 수 있다. 그러니 지금부터라도 주변과 자신을 다시 보면 어떨까? 만일 찾고자 하는 사람 혹은 해결하고자 하는 것이 있다면 그것은 바로 옆에 그리고 자신의 내면에 있을 수 있다. 그것도 아주 오래전부터.

10 관심

나누고 싶은 생각
- 각 구성원의 특징과 강점을 이해
- 적재적소에 구성원 배치
- 지속적인 개인 역량 강화

피아노는 음악을 하는 데 있어 기본적이며 전통적인 악기다. 피아노의 건반은 모두 88개인데 흰색 건반 52개와 검은색 건반 36개로 구성되어 있다. 겉으로 보기에 각각의 건반은 모양이 비슷해 보이지만 어느 것 하나 같은 음은 없다.

그래서 사실상 이 세상에 존재하는 모든 곡은 피아노를 통해 연주하는 것이 가능하다. 그리고 모든 악기가 그렇듯이 피아노 역시 언제 어떤 재료로 누가 만들었는지 등에 따라 그 가치는 달라진다.

하지만 그보다 더 중요하고 관심 깊게 봐야 할 것은 바로 연주자다. 같은 피아노 앞에 앉아서 동일한 곡을 연주하더라도 연주자에 따라 곡의 해석도 다르고 느낌이나 감동도 다르다.

그런데 이와 같은 사실은 비단 피아노에만 국한될까?

그렇지 않다. 조금만 생각해보면 피아노에서 발견할 수 있는 여러 특징들이 조직과 리더에게도 투영될 수 있다는 것을 알아차릴 수 있다. 실제로 리더십과 관련된 여러 도서에서는 리더를 연주자나 지휘자에 비유하기도 한다.

이런 측면에서 먼저 피아노의 건반을 들여다보자. 비슷한 모양을 지니고 있지만 같은 음을 내는 건반은 없다. 주변을 돌아보면 구성원들도 마찬가지 아닌가? 소위 말해 비슷한 스펙을 지니고 있거나 같은 유니폼을 입고 있을지는 모르지만 그렇다고 해서 같은 것은 아니다. 모두가 각자의 특징과 강점이 있다.

다음으로는 하나의 건반만으로는 곡이 만들어지지도 않고 연주되지도 않는다는 것도 눈여겨봐야 할 점이다. 당연한 이야기지만 단순한 곡일지라도 하나의 건반만으로는 연주가 안 된다. 무엇인가를 연주하려면 여러 개의 건반이 필요하다. 그리고 각 건반이 내는 음들이 적절히 조화를 이루어어야 한니. 씨른비 건반들 간 팀워크가 필요한 것이다. 이는 조직에서도 다를 바 없다.

아울러 자주 누르는 건반이 있는 반면, 아주 가끔씩만 누르게 되는 건반도 있다는 점도 간과할 수 없다. 가끔씩 누르는 건반이라고 해서 무시하거나 소홀히 대하면 안 된다. 그 건반에서 나오는 음으로 인해 곡의 완성도가 달라질 수도 있고 그 음이 없으면 곡이 밋밋해질 수도 있기 때문이다.

이렇게 비유해보면 리더가 구성원들을 위해 무엇을 어떻게 해야 하는지에 대한 메시지는 보다 더 명확하다.

일단 리더라면 우선 각 구성원들이 어떤 특징과 강점을 가지고 있는지 알고 있어야 한다. 이는 마치 각각의 건반이 어떤 음을 내는지를 알아야 한다는 것과 다르지 않다. 구성원들을 대상으로 각종 진단을 하고 면담을 하는 이유는 이를 보다 확실하게 알고자 함이지 정례적으로 해야 하는 일이기 때문은 아니다.

그리고 리더라면 각 구성원들의 특징과 강점에 기반하여 그들을 적재적소에 배치시킬 수 있어야 한다. 이는 앞서 제시한 내용이 전제되지 않으면 이루어질 수 없는 부분이기도 하다. 한마디로 리더는 모든 구성원들이 제대로 자신의 음, 즉 고유한 역량을 발휘할 수 있도록 만들어줘야 한다. 그렇지 않으면 조직 내 소외된 구성원들이 발생할 수도 있고 몇몇 구성원들에게 쏠림 현상이 발생하여 궁극적으로는 팀워크도 흐트러지게 되며 기대했던 연주도 할 수 없게 된다.

이와 함께 리더라면 구성원들이 다른 구성원들과의 협업 등을 통해 시너지를 높일 수 있도록 해야 한다. 구성원들이 서로의 특징과 강점을 살려 아름다운 화음을 만들 수 있도록 지원해야 한다는 것이다. 매 순간 화음을 내야 하는 것은 아니지만 화음이 반드시 필요한 순간은 있기 마련이다. 특정 프로젝트를 하는 경우가 될 수도 있고 갑자기 필요해지는 경우도 있을 수 있다.

리더가 주변에 아름다운 곡을 선사하고 싶다면 이 정도는 기본적으로 갖추어야 할 요건이라고 할 수 있다. 각 건반이 어떤 음을 내는지도 모르고 누를 수도 없다면 제아무리 좋은 피아노일지라도 장식품에 지나지 않기 때문이다. 아울러 리더 스스로가 부단히 연습해야 하는 것은 두말할 나위도 없다.

11 진단

나누고 싶은 생각
- 프로젝트와 업무의 특성에 맞는 팀원 배치
- 구성원 개개인에 맞는 성장 기회 제공
- 후속 조치와 개선 계획 수립

"난 9번이야.", "나도 9번.", "난 5번인데."

어떤 물건을 선택하거나 대기표와 같은 것을 나타낼 때 사용하는 말이 아니다. 일종의 성격유형검사라고 할 수 있는 에니어그램Enneagram에서 분류된 9가지의 성격유형 중 자신에 해당되는 번호를 지칭하는 것이다.

에니어그램뿐만이 아니다. MBTIMyers-Briggs-Type Indicator 검사도 익숙하다. 이는 사람의 성격유형을 16개로 구분하여 'ENTJ' 등과 같은 알파벳의 조합으로 제시해준다. 이 밖에도 버크만 검사Birkman method라든지 강점 진단 등과 같이 개인의 성격 혹은 특성 등에 대해 알 수 있는 검사 도구들이 많이 있다.

이러한 진단검사 도구들은 자기 자신에 대해 알아보기 위해서 개인적으로 사용되기도 하고 조직의 경우에는 구성원들에 대해 보다 잘 알아보기 위해 도입되기도 한다.

이와 같은 종류의 진단검사를 통해 도출된 결과들의 공통점 중 하나는 부정적인 내용이나 개인 및 조직에 따른 구체적인 적용 방안은 제시되지 않는다는 것이다. 그도 그럴 것이 유형type이나 방식style 혹은 특성personalities 등을 다루기 때문이다.

그래서 이와 같은 도구를 통해 리더 스스로에 대해 알아보고자 하는 것은 선택의 문제다. 만일 이러한 경험이 있다면 대부분은 진단검사 결과에 대해 상당 부분 공감하게 되고 그동안 인식하지 못했던 자신의 성격이나 강점 등에 대해 알게 되었다는 생각이 들 수 있다. 그리고 이를 통해 과거의 자신을 돌이켜보고 앞으로 어떤 점에 관심을 두어야 할 것인지에 대해서도 생각해보게 된다.

그러나 리더가 이를 조직 차원에서 사용하고자 한다면 이 정도로는 안 된다. 각 개인별 도출된 결과에 대해 어떻게 활용할 것인지에 대한 더 많은 고민이 수반되어야 한다. 이를 테면 어떤 진단검사를 해서 A라는 구성원의 유형이나 강점이 "H"로 나왔다면 "H"에 대한 설명을 해주는 것으로 끝나면 안 된다는 것이다.

만일 이 정도로 끝나게 되면 조직에서는 많은 비용을 들였지만 구성원들에게는 일회성 이벤트에 지나지 않고 '그래서 뭐?'라는 질문만 남기게 된다. 시간을 더 추가해서 구성원들 간 서로의 결과를 공유한다고 해도 별반 다를 바 없다.

그렇다면 리더는 이와 같은 종류의 개인 진단이나 검사 결과를 어떻게 활용해야 할까?

먼저 팀 편성을 하는 데 접목시켜 볼 필요가 있다. 소위 말해 합이 맞는 구성원들을 중심으로 팀 편성을 해 보는 것이다. 특히, 조직 내 소통이 잘 이루어지지 않거나 구성원들이 함께 있는 데 불편함을 느낀다고 생각된다면 개인별 특성 및 유형에 기반한 팀 조정을 시도해봐야 한다. 이미 많은 사례에서 알려진 바와 같이 구성원들은 업무보다는 대인관계 측면에서의 스트레스를 호소하고 있는데 구성원들 간 합이 맞지 않는 것은 그 원인 중 하나라고 할 수 있다.

다음으로는 직무를 배분하거나 부여하는 데 있어서도 고

려해 볼 필요가 있다. 당연한 말이겠지만 좌뇌를 주로 사용하는 구성원에게 적합한 업무가 있고 우뇌를 주로 사용하는 구성원에게 적합한 업무가 있다. 내성적인 성격과 외향적인 성격에 따라서도 달라지며 과업 중심적인 특성과 대인관계 중심적인 특성에도 영향을 받는다. 물론 모든 구성원들의 특성을 고려하여 적합한 직무를 부여하는 것은 현실적으로 어려운 일이겠으나 적어도 할 수 있는 범위 내에서는 시도해봐야 한다. 자신에게 맞지 않거나 어울리지 않은 옷을 입고 있는 것만큼 불편한 것은 없기 때문이다.

구성원들의 특성이나 강점 등이 잘 발현될 수 있는 업무 혹은 프로젝트를 만들어보는 것도 하나의 활용 방안이 될 수 있다. 리더가 "이 업무는 누가 하면 좋을까?" 혹은 "누가 할래?" 등과 같이 물어보는 것이 아니라 구성원들이 "이 업무를 하고 싶습니다."라고 말할 수 있는 업무와 프로젝트를 기획해야 한다. 기존에 하고 있던 업무라면 수행하는 방식 등의 변화를 생각해볼 수도 있다. 이렇게 되어야 적어도 업무에 있어서만큼은 일정 부분 주인의식을 기대해 볼 수 있다. 그리고 구성원들에게는 작은 성공의 경험도 제공해 줄 수 있다.

이런 측면에서 보면 구성원들의 진단검사는 단순하게 접근할 것이 아니라 이후에 무엇을 어떻게 하느냐가 더 중요하다. 이른바 후속조치follow-up가 뒤따르지 않으면 개인의 변화도 조직의 변화도 기대하기 어렵다.

그래서 리더가 구성원들을 대상으로 이와 같은 진단검사를 해 보겠다고 하면 하고자 하는 목적과 이후의 계획을 보다 명확하게 정해야 하고 구성원들에게도 알려야 한다. 아울러 만일 여러 형태로 계획한 후속조치가 망설여지거나 무리할 것이라고 느껴지면 일종의 파일럿 테스트를 먼저 해보는 것도 좋다. 재미와 흥미를 위해 도입한 진단검사가 아니라면 말이다.

12 팀

나누고 싶은 생각

· 공동의 목표와 비전 설정
· 목표 달성을 위한 구성원 역량 존중
· 목표에 대한 공감대 형성

다시 모여 함께 일을 하고 싶은 사람들이 있다.

벌써 수년 전의 일이지만 당시의 상황을 떠올려보면 먼 거리도 마다하지 않고 이동해서 회의도 했고 경우에 따라서는 늦은 시간, 주말까지도 함께 의견을 나누고 자료를 만들기도 했다. 필자에게는 과정도 결과도 만족스러웠던 소중한 경험이자 추억이다. 물론 함께했던 이들도 마찬가지다.

어떤 특별한 비법이라도 있었을까? 특별한 비법은 없었다. 그래도 나름의 이유를 생각해보니 함께해야 할 일의 목적과 목표에 대해 공감대를 형성했고 각 구성원들이 지닌 역량, 전문성, 특성 등을 존중했으며 그 결과물에 대해 서로의 신뢰를 보인 셈이다.

이를 간결하게 정리하면 "팀team으로 일한 것이 전부다."라고 할 수 있다.

주로 스포츠 분야에서 사용되어 온 팀이라는 용어는 조직에서도 널리 통용된다. 대부분의 조직이 팀제로 개편된 지오래고 팀 단위로 각종 업무를 수행하는 것이 일반화되었다. 이는 팀제가 갖고 있는 여러 가지 장점을 반영한 것이기도 하다.

그러나 팀제가 지닌 수많은 장점과 강점에도 불구하고 현실에서는 여전히 아쉬움과 부족함이 남아 있다. 이는 팀제가 잘못되었다고 보기보다는 팀에 대한 이해의 부족 혹은 팀 편성이나 팀 빌딩의 문제에서 찾아볼 수 있다.

팀이라고 명명하기 위해서는 기본적으로 갖추어야 할 몇가지 조건이 있다. 먼저 구성원의 수다. 팀은 적어도 두 명이상의 구성원이 있어야 한다. 그리고 팀 구성원들은 가급적 적으면 적을수록 효과적이다. 팀제를 시행하고 있는 대부분의 조직에서는 이와 같은 조건을 충족시키고 있다. 그런데 여기서 멈추면 외형적인 모습만 갖춘 격이다. 무늬만

팀인 것이다.

다음으로 팀으로서 제 기능을 발휘하기 위해서는 팀 구성원들 모두가 동의하고 공감하는 공동의 목표가 존재해야 한다. 목표에 대한 팀 구성원들의 동의와 공감대가 형성되지 않으면 역량이 집중되지 않으며 시너지 창출은 물론, 지속성도 보장하기 어렵다. 게다가 불평이나 불만이 표출되기도 하고 동기부여도 요원해진다.

따라서 팀으로 일하겠다고 한다면 리더의 최우선 과제는 팀의 미션과 비전 그리고 목표에 대한 합의와 공유라고 할 수 있다. 이는 한두 장의 문서에 기술된 내용이나 한두 번의 말로는 어림도 없다.

마지막으로 팀 구성원들 간 상호작용이 이루어져야 한다. 상호작용은 단순히 서로 간의 의사소통만을 의미하지는 않는다. 팀 구성원 모두가 개개인이 보유한 강점과 장점 등이 무엇인지에 대해 아는 것을 넘어 인정하고 존중해야 한다. 아울러 구성원들의 역량들이 발휘되기 위해 아낌없는 지원을 하는 것도 포함된다.

이를 위해서는 서로에 대한 관심이 선행되어야 한다. 관심이 곧 상호작용 형성의 기반이다. 관심이 있어야 먼저 나

서서 도울 수도 있고 도움을 청할 수도 있다. 구성원들 간 이해와 공감으로 관계이 있어야 가능하다. 이른바 팀워크teamwork는 이렇게 형성되고 발휘된다.

불과 세 가지 정도에 지나지 않는 조건이지만 이 중 하나라도 부족하거나 결여되어 있다면 진정한 팀이라고 보기는 어렵다. 더군다나 진정한 팀이 아닌 경우임에도 불구하고 팀처럼 일하기를 바라는 것은 착각이다.

어떻게 해야 팀워크를 발휘할 수 있는지 그리고 팀 리더 혹은 팀원으로서 어떻게 해야 하는지를 모르는 것이 아니다. 몰라서 못 하는 경우는 많지 않다. 알면서도 하지 않는 것이 훨씬 많다는 것을 부인하기 어렵다.

그래서 리더로서 진정한 팀을 만들고 함께 일하고자 한다면 팀이 되기 위한 기본적인 조건이 갖추어졌는지를 다시 한번 살펴보고 약화된 부분이 있다면 강화해야 한다. 진정한 팀은 저절로 만들어지는 것이 아니라 서로가 부단히 노력해야 만들어진다.

13 변화

나누고 싶은 생각

· 익숙함에서 탈출
· 목표와 비전의 중요성
· 변화의 지속성과 자극

"사람 잘 안 바뀐다."는 말을 하곤 한다. 심지어 "사람이 갑자기 바뀌면 죽는다."는 말도 거리낌 없이 하는 경우가 있다.

이와 같은 종류의 말이나 표현들은 개인에게 있어 변화가 말처럼 쉽지 않다는 것을 의미한다고 해도 과언은 아니다.

하지만 이를 다른 관점에서 보면 변화에 대해 개인의 저항이나 거부감이 있다는 것을 미루어 짐작해 볼 수도 있다. 또한 변화를 하고자 하는 이들에 대한 주변에서의 지원이나 지지가 생각만큼 많지 않다는 것도 알 수 있다.

변화의 필요성이나 당위성에 대해 이야기할 때 이에 대한 부정적인 인식이 나타나는 이유 중 하나는 지금까지의 익숙함에서 벗어나야 한다는 생각이 자리 잡고 있기 때문이다. 익숙함의 종류는 다양하다. 업무적으로는 일하는 방식이나 문제해결 방식 등이 될 수도 있고 관계적으로는 커뮤니케이션 스타일이나 갈등을 해결하는 방식 등도 해당된다. 개인적으로는 습관을 비롯해서 생각하는 방식이나 선호하는 것 등이 포함되기도 한다.

개인으로 보면 이와 같은 익숙함에서 벗어나는 순간부터 불편함을 마주하게 된다. 그런데 스스로 이에 대한 필요성을 찾지 못하거나 수용성 등이 없다면 굳이 변화에 적극적으로 나서기가 꺼려진다.

그럼에도 불구하고 변화를 해야 하는 이유를 몇 가지 꼽는다면 먼저 단조로움에서 벗어나기 위해서다. 단조로움은 현실에 안주하는 것, 즉 익숙함에서 비롯된다. 물론 현실에 안주하는 것이 문제가 되는 것은 아니다. 다만 개인에게 있어 더 다양한 경험과 이를 통해 창출할 수 있는 기회를 애써 차단할 필요는 없다는 것이다.

다음으로는 새로움을 경험하기 위해서다. 일 년 내내 같은 장소에 머물고 같은 사람들을 만나고 같은 일을 하게 되면 새로움을 느끼거나 이를 마주하는 일이 상대적으로 적어진다. 물론 새로움이 언제나 좋다고만은 할 수 없다. 그러나 새로움이 없다면 개인의 성찰이나 성장도 제한된다.

한편 현재 상태의 개선을 통해 성장하고자 하는 것도 변화를 해야 하는 이유가 될 수 있다. 개선과 성장은 비단 개인에게만 해당되는 것은 아니다. 개인 차원의 개선과 성장은 조직이나 사회 그리고 주변 사람들에게도 긍정적인 영향을 미친다.

그렇다면 변화하기 위해서는 어떻게 해야 할까? 자신에 대한 객관적인 진단은 변화의 출발점이 될 수 있다. 리더라면 다면평가결과나 각종 피드백도 출발점이 되기에 충분하다. 개인의 성격, 강점 등을 알아볼 수 있는 다양한 진단을 통해 알게 된 결과 역시 변화의 출발점으로 삼을 수 있다.

변화의 출발점이 정해지면 다음으로는 변화의 방법을 리더 스스로 선택해야 한다. 전문가를 비롯해서 다양한 경로를 통해 제시되는 효과적인 방법들이 많지만 자신에게 맞지 않으면 무용지물이기 되기 때문이다. 무엇보다 자신에 대해 그 누구보다 스스로가 잘 알고 있기 때문이기도 하다.

변화의 방법까지 선택했다면 남은 것은 실행으로 옮기는 것이다. 책고 씨소한 거부터 시작하더라도 적어도 3개월 이상은 지속적으로 실행해봐야 한다. 이 성도의 기간이 지나고 나면 변화의 결과를 몸소 느끼게 되는 경우가 많다. 그런데 이때가 중요하면서도 위험한 순간이다. 성취감에 빠져 변화의 속도나 강도가 느슨해지기 때문이다. 매너리즘에 빠지는 순간이기도 하다. 변화의 과정 속에서 이와 같은 상황에 직면하게 되면 새로운 자극을 찾아 나서야 한다. 교육이나 책 혹은 낯선 곳으로의 여행이나 새로운 사람들과의 만남 등은 효과적인 자극이 될 수 있다. 이러한 자극은 성공적인 변화를 위한 디딤돌이 될 수 있다.

변화를 통한 개인의 성장은 이와 같은 과정이 순환되는 과정에서 나타난다. 변화와 성장은 우상향 방향의 직선으로 나타나는 경우가 많지 않다. 그래서 변화의 초기에는 체감되지 않는다. 하지만 커다란 눈사람을 만들려고 할 때 처음에는 자신의 손으로 뭉칠 수 있는 정도의 눈덩이를 만들어야 한다는 것을 생각해보면 변화를 위한 실행과 동시에 즉각적인 효과가 나타나지 않는다고 해서 실망할 일은 아니다. 개인의 변화도 이렇게 이루어지기 때문이다.

14 최적화

나누고 싶은 생각

- 최초와 최고에 대한 경계 극복
- 안정성과 유연성의 균형
- 자기인식과 성찰, 실행력

지금은 사용하지도 않고 보기도 어려운 휴대폰이 있다. 크고 무거워 '벽돌'이라는 별칭으로도 불린 바 있다. 모토로라에서 1983년에 시판한 '다이나텍Dynatac 8000X'라는 모델이다. 이는 상용화된 최초의 휴대폰이다.

이처럼 최초라는 수식어를 가지고 있지만 지금은 역사 속으로 스며들어 간 제품과 기업들이 있다. 사람도 빠지지 않는다. 물론 이와 같은 최초가 없었다면 꼬리에 꼬리를 무는 발전도 기대하기 어렵다. 그리고 이를 응용해서 또 다른 최초를 만들어낼 수 없었을 것이라는 사실은 자명하다. 하지만 최초는 이미 지나간 과거다.

세 번째니 조지 그리고 사람들이 최초 다음으로 지향하는 수식어는 '최고'라고 할 수 있다. 그래서 비록 특정 분야에서 최초라는 수식어는 내주었지만 최고라는 수식어를 얻기 위해 또는 이를 지키기 위해 고군분투孤軍奮鬪하고 있는 개인과 조직이 많다. 최고는 최초와 달리 단 한 번에 그치거나 과거에만 머물러 있지 않고 현재에도 함께 발을 디딜 수 있기 때문이다.

그러나 이 역시 쉽게 얻거나 유지할 수 있는 일은 아니다. 최고라는 명성을 얻었지만 또 다른 최고가 등장하면서 최고의 자리에서 내려오는 경우도 많다. 그래서 오늘날 개인과 조직은 최초와 최고 그리고 최고와 최고가 순환되고 뒤바뀌는 과정 속에 있다고 해도 과언이 아니다.

개인이나 조직 모두 이와 같은 과정의 한가운데에 서 있게 되면 조급해지기도 하고 불안해지기도 한다. 스스로가 압박을 느끼기도 하고 주변으로부터 받게 되는 시선도 불편함을 가중시킨다.

그런데 우리가 찾고 선택할 수 있는 수식어에는 '최적'도 있다. 최적은 과거에서 벗어나 있다. 최적의 중심축은 현재에 있으며 이를 기반으로 미래까지 발을 내디딜 수 있다.

오늘날 최적이라는 수식어는 개인이나 조직 혹은 비즈니스 등 곳곳에서 수요자 중심on-demand, 민첩함agile 또는 agility, 하이브리드hybrid 등 다양하게 표현되고 사용되고 있다.

그리고 이와 같은 표현들은 곧 '변화'로 귀결된다. 이를 풀어서 말하면 최적은 곧 변화에 적응하는 것이라고도 할 수 있다.

개인이나 조직 모두 최초나 최고라는 수식어 하나쯤을 가지고 있으면 좋겠지만 자칫 이와 같은 수식어에만 집착하게 되면 과거에 머물거나 과거에서 빠져나오지 못하게 될 수도 있다. 리더 개인으로 보면 '왕년에' 혹은 '나 때는 말이야' 등과 같은 과거의 사고방식과 행동에 사로잡혀 현재와 미래의 변화에 대응하지 못하게 된다.

따라서 이를 방지하기 위해서는 최초나 최고와는 사뭇 느낌이 다른 최적을 선택해 볼 필요가 있다.

최적이라는 수식어에는 안정적이라는 속성과 더불어 가변적이라는 속성도 내포되어 있다. 이에 따라 지속성도 보장받을 수 있다. 다만 최적이라는 수식어는 자기인식과 성찰 그리고 하고자 하는 것에 대한 관심과 실행력이 있어야 붙을 수 있다는 점을 간과해서는 안 된다.

다윈Charles R. Darwin은 "살아남은 종은 강한 종도 아니고 똑똑한 종도 아니다. 변화에 적응한 종이 살아남는다."고 했다. 170여 년이 지난 오늘날에도 다시 한번 곱씹어 볼 말이다.

15 경력 성공

나누고 싶은 생각
- 인사 평가의 과정적 측면
- 주관적 경력 성공 추구
- 자기평가의 중요성

직장인의 50% 이상은 인사 평가를 신뢰하지 않는다는 이야기가 있다. 그리고 MZ세대를 중심으로 보상에 대한 이슈가 지속적으로 제기되고 있는 현상도 인사 평가와 관련이 있다. 많은 경우 보상은 평가와 연계되어 있기 때문이다.

그래서 이에 대해 학계는 물론, 다양한 조직에서 많은 고민과 연구 등이 수행되고 있으며 수시 평가, 동료 평가, 절대평가 등 다양한 방법을 적용해보기도 한다. AI(인공지능)를 활용하는 경우도 있다. 그럼에도 불구하고 여전히 아쉬움은 남아 있다.

이와 같은 이야기나 나타나는 현상을 연구 방법적인 측면에서 바라보면 인사 평가 측정 도구에 시선이 집중된다. 그리고 자연스럽게 측정 도구의 타당도와 신뢰도에 대해서도 살펴보게 된다.

측정 도구의 타당도는 측정하고자 하는 것을 측정할 수 있는지를 확인하는 것이다. 보통은 안면 타당도face validity나 내용 타당도content validity 그리고 구성 타당도construct validity 등으로 구별된다. 이와 함께 측정 도구의 신뢰도는 반복 검증replicable이 가능한지와 일관성이 있는consistent 결과를 도출할 수 있는지를 확인하는 것이다.

한편 예측 가능성predictability도 간과할 수 없다. 평가에 있어 예측 가능성은 대부분의 개인들이 특정한 조건을 충족하거나 상황이 조성되면 이에 부합된 결과물을 얻을 수 있을 것이라는 예측을 할 수 있는 정도라고 할 수 있다.

물론 인사 평가의 측정 도구가 이러한 점들을 확보하는 것은 말처럼 쉽지 않은 것이 사실이다. 게다가 인사 평가를 위한 여러 가지 측정 도구 중 하나가 바로 사람, 즉 리더라는 점에서 보면 어려움은 배가된다.

그래서 대부분의 조직에서는 이러한 인사 평가 측정 도구의 신뢰도와 타당도 및 예측 가능성을 확보하기 위해 다양한 제도를 마련하고 있으며 리더들을 위한 교육을 실시하기도 한다. 그리고 피평가자인 구성원들과의 수시 면담 및 피드백 등을 통해 일정 부분 보완하기도 한다.

하지만 매번 상황의 변화와 함께 휴먼 바이어스human bias 등 다양한 변수가 작용하는 경우가 있어 평가 결과와 해석에 대해 공감되지 않거나 이견이 생기기도 한다. 경우에 따라서는 성장과 성공을 위한 성찰의 기회이자 발판이 되어야 할 평가가 자칫 의도치 않은 방향으로 바뀔 수도 있다.

이와 같은 현상에 대해 스스로 만족스럽지 못하다면 관점과 접근을 달리해 볼 필요가 있다. 인사 평가 측정 도구를 타인에서 자신으로 바꿔보는 것은 하나의 방안이 될 수 있다. 이른바 주관적 경력 성공의 관점으로 접근해보는 것이다.

주관적 경력 성공은 개인적인 업무 경험이 축적된 긍정적 심리상태를 의미하며 스스로가 평가의 주체라고 인식한 가운데 성공의 기준을 개인적 목표와 기대 그리고 가치에 두는 것이다.

주관적 경력 성공은 조직에서의 경력 성공과 직접적인 관

계가 있는 인사 평가를 넘어 스스로의 성장과 발전의 지향
섬을 제시해 줄 수 있다. 이와 함께 개인의 회복탄력성을 강
화시켜 줄 수도 있으며 인사 평가에 대한 스트레스에서도
상당 부분 벗어나게 만들어 줄 수 있다.

이러한 주관적 경력 성공에 영향을 미치는 요인들은 여러
가지다. 예를 들면 전문적인 활동을 하거나 외부와의 관계
를 유지 및 확대하고 다양한 공동체 활동에 참여하는 것 등
이 있다. 또한 주관적 경력 성공을 욕구의 위계로 접근하면
상대적으로 상위 욕구라고 할 수 있는 성취 욕구나 자아실
현 욕구 등에 초점이 맞춰진다. 그리고 성취감이나 책임감,
성장 가능성 등과 관련된 동기요인에도 초점을 두고 있다.

따라서 스스로에 대한 인사 평가의 관점을 주관적 경력
성공으로 전환하면 성장과 성공에 대한 시야가 확대되고 가
치가 달라지게 된다. 미시적인 측면에서 일희일비—喜—悲하
는 것을 넘어 거시적인 측면에서의 비전과 목표를 수립할
수 있게 된다. 그리고 그 과정 속에서 경험하게 되는 상당수
의 긍정적인 요인과 함께 부정적인 요인까지도 자기의 것으
로 만들 수 있다.

물론 주관적 경력 성공을 측정함에 있어서도 앞서 언급한

평가 도구, 즉 스스로의 타당도와 신뢰도 그리고 예측 가능성을 확보해야 하는 것은 당연하다. 오히려 기준을 더 높여야 한다. 그렇게 하지 않는다면 스스로에 대한 인사 평가가 변명과 타협, 핑계 등에 지나지 않게 되기 때문이다.

지금까지 자신에 대한 평가를 타인에게만 맡겨 왔고 이에 대한 신뢰도와 타당도 측면에서도 만족스럽지 못했다면 이제는 스스로가 자신을 평가해 볼 수 있는 측정 도구가 되어 볼 필요가 있다. 생각보다 객관적으로 자신을 돌아볼 수 있고 생각보다 냉정하게 평가하게 되며 생각보다 더 많은 목표가 설정된다. 무엇보다 이와 같은 평가는 내면의 힘을 키워 나가는 데 도움이 된다.

16 역발상

나누고 싶은 생각

- 고객 중심과 구성원의 관점
- 변화를 통한 기회 창출
- 상상력과 창의성의 중요성

야구나 축구 혹은 농구 등과 같은 구기 종목에서 간 간이 상대 선수가 역동작reverse action에 걸리는 경우를 보게 된다. 이는 움직이려는 방향 또는 진행될 것이라고 예상되 는 방향과 반대로 공이 날아와서 상대방이 미처 손을 쓰지 못하게 만들기도 한다.

이와 같은 역동작은 그야말로 상대의 허를 찌르는 것이기 도 하고 경기의 흐름을 바꾸기도 한다.

그런데 이러한 역동작이 이제는 여러 분야에서 나타나고 있다. 그리고 이는 또 다른 의미에서 경기의 흐름을 바꾸거나 변화를 이끌어내기도 한다.

이런 관점에서 많이 알려진 익숙한 용어 중 하나는 리버스 멘토링reverse mentoring이다. 업무적 측면에서 멘토링은 조직 내 시니어senior가 주니어junior에게 업무를 알려주고 도와주는 모습인데 리버스 멘토링은 이에 대한 반대의 개념으로 주니어가 시니어를 멘토링하는 것을 의미한다. 과거 GE에서 젊은 소비자들이 원하는 제품을 만들기 위한 감각을 향상시키기 위해 실시했다. 이후 세대 및 신기술에 대한 이해는 물론, 문화의 차이 등에서 오는 간격을 좁히는 등의 목적으로 다양한 분야에서 확대되고 있다.

마케팅 측면에서도 수년 전부터 리버스 마케팅reverse marketing이 접목되고 있다. 이 역시 행위의 주체를 거꾸로 생각하는 것인데 과거에는 판매자 중심에서 소비자에게 접근했다면 이제는 역으로 잠재적 소비자가 판매자나 브랜드를 찾게 만드는 마케팅이라고 할 수 있다. 이는 특히 MZ세대로 일컬어지는 소비자들의 특성과 이들이 추구하는 가치 등과 맞물려 리버스 마케팅에 대한 관심과 효과를 견인하고 있다.

채용 역시 리버스에 노출되어 있다. 이른바 리버스 어플라이reverse apply(역지원) 현상이 하나둘씩 나타나고 있다. 역지원은 회사가 지원자를 면접하는 것이 아니라 지원자가 회사를 면접하는 형태라고 볼 수도 있다. 물론 아직까지는 인플루언서 등 소수의 개인에 의해 시도되고 있기는 하지만 개인의 역량이나 퍼스널 브랜드 등에 따라 점차 확산될 가능성이 크다.

교육도 마찬가지다. 플립 러닝flipped learning으로 알려진 거꾸로 학습은 리버스 티칭reverse teaching에 해당된다. 이는 교육의 주체가 교사에서 학생으로 바뀐 것이기도 하고 전통적으로 교실과 같은 물리적 환경에서 이루어져 왔던 수업이 온라인과 혼합되어 다양한 형태로 변화되고 있는 것이기도 하다. 시도된 시점은 비교적 오래전이지만 코로나19 상황으로 인해 빠르게 확산되었고 범위도 넓어졌다.

이와 같은 리버스는 점차 그 영역이 확장되고 있다. 그리고 과거의 시선이나 경험으로 보면 어색하기도 하다.

그러나 리버스는 새로운 기회를 창출할 수 있는 계기가 되기에 충분하며 문제를 해결하는 방법의 일환으로 접목되거나 적용하는 데 적합하다.

일례로 관계적인 측면에서 볼 때 고객 중심으로 생각하는 것이나 구성원의 입장에서 접근해보라고 하는 것 등도 이에 해당된다.

　리버스로 생각하면 접근 방식이 달라지고 실행하는 과정이 달라진다. 업무나 관계 모두 접근과 실행이 달라지면 결과 역시 달라지게 된다. 그동안 보이지 않았던 것이 보이기도 한다.

　그래서 무엇인가 변화를 도모하고자 한다면 그리고 새로움을 추구하고자 한다면 지금까지의 관행과 익숙함에서 벗어나 거꾸로 보는 시도를 해 볼 필요가 있다. 상상을 해 보는 것이 출발점이 될 수 있다. '만약에' 혹은 '만일' 등과 같은 조건을 붙여서 생각해보는 것도 도움이 된다. 누구에게나 처음은 어색하고 불편하다. 걱정도 앞선다. 하지만 변화는 대부분 이렇게, 역발상으로 시작된다.

17 조직문화

나누고 싶은 생각

- 실행 중심의 접근
- 진정성과 유연성
- 상수와 변수 구분

조직의 경쟁력에 영향을 미치는 요인 중 하나는 조직문화다. 어떤 조직문화를 가지고 있는가에 따라 조직과 개인의 성패가 좌우된다. 넓게 보면 국가의 흥망성쇠興亡盛衰도 있고 조직의 크고 작은 사고나 성과도 있다. 개인의 경우라면 도덕적 해이 등과 같은 부정적인 측면을 비롯해서 성장이나 도전 등과 같은 긍정적인 측면에서도 조직문화는 영향을 준다.

조직문화를 형성하는 주체는 구성원들이다. 조직별로 구성원들의 가치관과 특성 그리고 역량 등이 다르기 때문에 성공한 조직의 조직문화는 대개 그 조직에 최적화되어 있는 경우가 많다. 즉 성공한 조직은 모두 제각각의 조직문화를 가지고 있어 이를 일반화하기에는 어려움이 있다.

하지만 반대의 경우는 상대적으로 일반화하기가 쉽다. 동서고금을 막론하고 실패한 조직의 문화는 유사한 경향을 보인다. 예를 들면 과거나 현실에 안주한다거나 변화를 시도하지 않는다거나 관행에 익숙하다는 것 등이다. 권위주의적이거나 일방향적인 소통 그리고 구성원들의 도덕적 해이 등도 포함된다.

그래서 잘못 형성된 조직문화를 새로 고치지 않으면 결과적으로 조직과 개인 모두 원치 않은 결과를 마주하게 된다.

조직문화는 조직의 미션, 비전, 가치 등과 같은 조직의 철학과 구성원들 간의 소통방식 그리고 서로를 바라보는 관점 등에 의해서도 영향을 받는다. 당연한 말이지만 조직이 존재하는 목적이나 청사진 그리고 행동기준 등이 정립되지 않거나 이에 대해 구성원들 간 공감이 없다면 조직문화로 자리 잡을 수 없다. 그리고 구성원들이 과거형, 폐쇄형, 부정형 등과 같은 형태로 소통하는 비중이 높거나 서로를 바라보는 관점이 X론적이라면 이상적인 조직문화를 기대하기에 어려움이 생긴다.

만일 지금의 조직문화가 기대를 충족시키지 못해 조직문화를 새로 고치고자 한다면 마음대로 하기보다는 배운 대로 해 보는 것이 좋다. 기본기가 있어야 응용도 가능하고 변형도 가능하다. 이미 헤아릴 수 없을 정도로 조직문화에 대한 연구와 사례 등이 보고되고 있는데 이에 대해 살펴보는 것이 필요하다. 구체적이고 세부적인 부분은 다를지언정 핵심이 되는 내용은 공통점이 많기 때문이다. 게다가 배운 대로 하면 유사한 실패를 우회할 수도 있다.

다음으로 조직문화는 카피copy하기보다는 창조creation하는 것이 좋다. 조직문화를 카피하는 것은 쉽지 않다. 카피되지도 않는다. 예를 들어 특정 기업의 조직문화가 좋다고 해서 벤치마킹 등을 통해 가지고 왔더라도 실제로는 작동하지 않는 경우들이 많다. 조직문화는 그곳에서 된다고 해서 여기에서도 되는 것은 아니기 때문이다. 그래서 조직문화를 새로 고친다면 진정성을 가지고 고민하고 접근해야 하며 조직의 정체성이나 본질 그리고 독특함을 잃지 않도록 해야 한다. 이때 무無에서 유有를 만드는 접근보다는 유有에서 새로운 유有를 만드는 접근이 보다 효과적일 수 있다.

아울러 조직문화는 형용사形容詞가 아니라 동사動詞로 접근해야 한다. 실행에 집중해야 한다는 이야기다. 이를 위해서는 구성원 모두의 눈과 귀 그리고 입과 손발이 움직여야 한다. 이는 관점을 바꾸고 소통의 방식을 바꾸고 직접 시도해봐야 한다는 것을 의미한다. 조직문화는 머리로 이해하거나 글로 적혀 있다고 해서 개선되거나 변화되지 않기 때문이다.

이와 함께 조직문화를 새로 고치고자 한다면 상수가 아니라 변수로 시선을 옮겨볼 필요가 있다. 상수는 자신이 선택하거나 통제할 수 없는 요인을 의미하고 변수는 자신이 직접적으로 선택하거나 통제할 수 있는 요인을 말한다. 예를 들면 조직문화의 주체라고 할 수 있는 구성원들은 상수에 해당되고 이들을 어떤 관점으로 보고 어떻게 대할 것인지는 변수에 해당된다. 상수에 해당되는 구성원들은 마음대로 바꾸기 어려우나 이들에 대한 관점이나 태도는 얼마든지 바꿀 수 있다.

어떤 문제가 발생했을 때 상수에 시선을 고정하게 되면 문제해결보다는 불평이나 불만 혹은 무기력함으로 귀결되기 쉽다. 그래서 만일 상수에 해당되는 요인에 불만이 있다

면 상수가 아닌 변수를 찾아 이를 해결하는 편이 보다 효과
적이다. 상수에 집착한다고 해서 바뀌는 경우는 많지 않기
때문이다. 조직문화도 마찬가지다.

18 실패

나누고 싶은 생각

- 인내와 자제
- 실패에서의 성장
- 학습과 지혜의 공유

작업 중이던 컴퓨터가 갑자기 멈췄다. 몇 분을 참고 기다려본들 여전히 화면에 변화는 없다. "아, 이런, 저장도 안 했는데…." 이런 상황에 마주칠 때 머릿속에 가장 먼저 떠오르는 생각이다.

더 이상 기다려도 소용이 없다는 것을 스스로 수용하고 나면 전원 버튼으로 손가락이 움직인다. 혹 다시 작동하지 않을까 하는 일말의 희망을 갖고 잠시 머뭇거리기도 하지만 다시 시작하기 위해서 이내 전원 버튼을 꾹 누른다. 물론 그동안 작업했던 내용이 사라진다는 것은 감수해야 한다.

이 순간에 처하면 그동안 공들인 시간과 노력이 아깝고 회기 니끼느 하나, 김규디 제品사나 소프트웨어에 대한 원망도 생기고 중간중간 저장하지 않은 나 자신에 대한 자책도 빠질 수 없다.

컴퓨터가 새로 부팅되고 난 후의 작업에는 그동안 하지 않았던 과정이 하나 추가된다. 바로 중간 저장이다. 그리고 만일 이러한 현상이 일시적으로 나타난 것이 아니라 반복되는 경우라면 과감히 컴퓨터를 교체한다.

이와 같은 상황은 비단 컴퓨터로 작업할 때만 마주하는 것은 아니다. 일상에서 우리는 정도의 차이일 뿐 다시 시작해야 하는 경우가 많다. 보통은 어떤 일에 실패했을 경우가 다시 시작하는 순간이다.

진학에 실패하는 경우, 취업에 실패하는 경우, 사업에 실패하는 경우 혹은 사랑에 실패하는 경우 등 다시 시작하는 경우에는 과거의 실패를 결코 무시해서는 안 된다. 그동안 간과했던 여러 가지 프로세스를 확인하고 점검해 볼 필요가 있다. 더군다나 실패의 원인을 분석하고 이를 대비하기 위한 방책도 마련해야 한다.

실패를 통한 성공의 경험을 가지고 있는 사람들에게는 이와 같은 과정이 자연스럽게 이루어지는 것을 발견할 수 있다. 실패가 성공의 어머니라고 일컬어지는 이유는 바로 이와 같은 일련의 과정을 거치기 때문이기도 하다.

거꾸로 말하면 실패와 마주한 경우, 사실을 인정하지 않거나 스스로 성찰하지 않고 개선과 변화의 포인트를 이끌어내지 못한다면 실패는 더 이상 성장과 성공의 밑거름이 될 수 없다는 것이기도 하다.

이런 점에서 볼 때 리더의 성장과 성공을 위해 이른바 실패 노트 한 권쯤 마련해보면 어떨까 하는 생각을 해 본다.

그리고 이 노트에는 자신이 경험한 크고 작은 실패 사례에서 얻은 교훈뿐만 아니라 그 일을 함에 있어 간과했던 점과 예상하지 못했던 점, 개선해야 할 점 등도 담겨 있었으면 한다. 물론 이 노트에는 비단 자신의 사례만 담을 필요는 없다. 자신의 주변에서, 사회에서 발견한 사례 역시 담을 수 있다.

리더십 전문가로 알려진 존 맥스웰John C. Maxwell은 자신의 저서에서 슬기로운 사람은 자신의 실패에서 배우고 더 슬기로운 사람은 다른 사람의 실패로부터 배운다고 했다.

배움의 과정과 방법은 많다. 실패도 그중 하나일 수 있다.

리더로서 실패와 마주했을 때 원망과 자책을 하기보다는 실패로 인한 배움을 찾고 성공스토리의 소재를 하나 더 얻었다고 생각해보면 어떨까?

19 정서적 동질성

나누고 싶은 생각

- 리더의 감성 지능 강화
- 팀의 가치관 공유
- 미래에 대한 비전 제시

횡단보도에 켜져 있는 빨간색 신호등이 무색할 정도로 많은 사람들이 길을 건너가고 있다. 다행히 도로 위를 오가는 차량은 보이지 않는다.

다들 아무렇지 않게 건너는 상황에서 우두커니 신호등을 바라보고 있는 몇몇 사람들도 있다. 그러나 이들 역시 신호등을 무시하고 길을 건너는 사람들 속으로 들어가 길을 건넌다.

이와 같은 모습을 비단 보행자에게서만 볼 수 있는 것은 아니다.

운전을 하는 경우에도 비슷하다. 인적이 없는 곳을 지날 때 신호등의 신호를 시키지 않고 기는 앞 차량을 보면 정지 신호임을 알고 있음에도 불구하고 슬그머니 뒤따라 주행하기도 한다.

이런 행동을 하는 이유 중 하나는 비록 찰나의 순간이기는 하지만 주변 사람들과 정서적 동질성emotional homogeneity이 형성되었기 때문이다.

정서적 동질성이란 어떤 집단 내에 있는 구성원들의 생각이나 행동, 취향, 습관 등이 비슷해지는 현상을 일컫는 말이다. 이는 서로 모르는 사람들 사이에서도 발생하지만 대부분의 경우에는 많은 시간을 함께 있는 사람들 간에 나타난다. 그래서 주로 친구나 직장 동료 간에 정서적 동질성이 발견되는 경우가 많다.

실제로 비만과 관련해서 1971년부터 2003년까지 약 32년간 12,000여 명을 추적 조사한 결과, 형제자매나 배우자보다 친구에게 영향을 받는 경우가 상대적으로 많았는데 이는 친구와의 정서적 동질성에 영향을 받은 것으로 볼 수 있다.

이처럼 정서적 동질성이 형성된 사람들은 일상적으로 사용하는 어휘나 표현은 물론, 행동 패턴도 비슷해진다. 더 나아가 생각하는 과정이나 방법 그리고 판단의 기준 등이 유사해지기도 한다.

일례로 SNS상에서 친구 사이의 감정이 어떻게 전파되는지에 대해 수년 전에 실시되었던 연구를 살펴보면 긍정적인 언어를 사용한 경우, 3일 이내에 평균 7% 정도의 긍정 언어가 증가했다는 결과도 있다.

반면 부정적 측면에서의 정서적 동질성도 있다. 만약 매번 정해진 시간보다 조금씩 늦게 회의가 시작된다면 다른 이유들도 있겠지만 시간 준수에 대한 부담을 갖고 있지 않은 구성원들 간 정서적 동질성이 형성되어 있기 때문일 수도 있다.

이와 같은 몇 가지 사례에서 볼 수 있듯이 정서적 동질성이 지니고 있는 힘은 생각보다 크다. 특히 리더로서 여러 가지 선택의 갈림길에 놓여 있거나 변화를 추구한다면 구성원들의 정서적 동질성부터 살펴볼 필요가 있다.

그리고 구성원들과의 정서적 동질성을 형성하는 것 이상으로 바람직한 측면에서의 정서적 동질성을 만들어가는 노력이 필요하다.

정서적 동질성을 형성하는 방법 중 하나는 가치관을 공유

하는 것이다. 공유된 가치관이 있다면 보다 쉽고 빠르게 정
서적 동질성을 형성할 수 있다.

리더가 기대하는 말이나 행동 등에 대해 스스로 실천하는
모습을 보여주는 것도 방법이다. 말이나 글 정도로는 부족
하다. 이른바 솔선수범이 필요하다. 물론 한 번으로는 되지
않으니 지속성도 있어야 한다.

아울러 때로는 엄격해질 필요도 있다. 만일 상황에 따라
기준과 평가를 달리하게 된다면 이 역시 구성원들의 정서적
동질성 측면에서 잘못된 신호를 줄 수 있기 때문이다.

개인 간에 그리고 조직 내에 어떤 정서적 동질성이 형성
되어 있느냐에 따라 현재와 미래가 달라질 수 있다. 그래서
정서적 동질성은 알아서 만들어지도록 방치할 것이 아니라
계획을 가지고 만들어가야 한다. 이를 조금 확대해서 접근
하면 바람직한 조직문화 조성이라고도 할 수 있다.

20 인공지능

나누고 싶은 생각
- 의사결정 프로세스 강화
- 직무역량 분석 및 직무 배치
- 사업모델 및 비즈니스 분석

"인공지능이 리더십을 발휘하는 데 중요한 도구가 될 수 있습니다. 하지만 리더십에는 여전히 공감, 창의성 및 전략적 사고와 같은 인간의 자질이 필요하다는 점에 유의하는 것이 중요합니다. 인공지능은 인간 리더를 완전히 대체하는 것이 아니라 의사결정 프로세스를 강화하여 리더십을 보완하는 것으로 보아야 합니다."

"인공지능은 리더에게 도움이 될까?"라는 질문에 대한 ChatGPT의 답이다. 현재 인공지능은 이와 같은 답을 불과 몇 초 만에 내놓을 정도의 수준을 지니고 있다.

물론 인공지능이 단순한 질문에만 답할 수 있는 것은 아니나. 이미 방대한 데이터에 기반한 학습이 이루어졌고 다양한 데이터의 생성과 입력이 이루어질수록 인공지능에 대한 매력과 의존도는 증가할 것으로 여겨진다.

실제로 인공지능의 수준은 나날이 발전하고 있으며 심지어 진화까지 하고 있는 상황이다. ChatGPT를 필두로 구글의 Gemini 등과 같은 인공지능에 대한 관심과 활용은 이미 다양한 분야에서 나타나고 있다. 그리고 이는 리더십에 있어서도 마찬가지다.

리더십을 발휘하는 데 있어 인공지능의 가시적인 지원 중하나는 데이터에 기반한 의사결정에 도움을 줄 수 있다는 것이다.

인적자원이라고 할 수 있는 팔로워들의 직무역량 분석 및 직무 배치와 성과 예측 등과 같은 HR Analytics와 더불어 비즈니스 측면에서 보면 사업모델을 구축하거나 비교하고 투자 및 트렌드를 분석하는 것 등을 예로 들 수 있다.

그래서 리더가 현재까지 인공지능으로부터 받을 수 있는 지원은 대부분 양적quantitative인 측면에서 강세를 보이고 있다고 할 수 있다.

그러나 리더십은 0과 1, 즉 디지털만으로는 설명하기 어렵다. 리더십의 기본적인 요소라고 할 수 있는 리더와 팔로워 그리고 상황은 생각보다 복잡하다.

게다가 리더십을 발휘하는 데 있어 평균에서 크게 벗어난 아웃라이어outlier와 소수의 의견이나 생각 정도로 해석해 볼 수 있는 마이너리티 리포트minority report는 물론, 개인적이고 사소해 보이는 데이터인 스몰 데이터small data 등도 무시할 수 없다.

지금까지 리더십에 대한 연구와 함께 리더십을 개발하기 위한 제반 노력이 지속되고 있는 것도 급변하는 상황과 더불어 팔로워와 리더 역시 계속 변화하고 있기 때문이다.

이렇게 보면 리더십에 대한 정의는 리더십을 연구하는 학자의 수만큼 존재한다는 말에 고개가 끄덕여진다. 또한 만병통치약과 같은 리더십은 존재하지 않는다는 것도 바로 알 수 있다. 한마디로 리더십은 처해진 상황에 따라 변화하는 생물과도 같다.

인공지능의 출현과 활성화는 리더십에 있어 새로운 상황임에 틀림이 없다. 무시하거나 평가절하해서도 안 된다.

다만 질적qualitative인 측면에서 균형을 맞출 필요는 있다.

이는 리더십이 지식이나 데이터에 의해서 발휘되는 것이 아니고 빌이나 글로 되는 것은 더더욱 아니기 때문이다.

리더십은 행동이다. 그리고 그 행동의 기저에는 신념과 가치, 진정성 등이 자리 잡고 있어야 한다.

리더십에 대한 지식과 스킬을 몰라서 리더십을 발휘하지 못하는 것은 아니다. 리더십에 대한 더 많은 지식과 데이터가 제공되더라도 리더십 발휘의 주체라고 할 수 있는 리더가 행동하지 않으면 무용지물이다.

리더십은 수영하는 것과 같아서 보고 읽고 분석하는 것만으로는 발휘하기 어렵다. 직접 뛰어 들어가 물도 마셔보고 허우적거려보기도 해야 한다.

다행스러운 것은 인공지능으로 인해, 불필요한 과정을 건너뛸 수도 있고 중요한 과정에 보다 집중할 수 있게 되었다는 점이다.

인공지능은 일종의 지적인 측면에서의 거인이라고 할 수 있다. 따라서 리더는 거인의 어깨에 올라 조망해볼 필요가 있다. 이와 같은 점에서 보면 인공지능이 출현한 상황은 분명 리더에게 유용한 측면에서의 변화라고 볼 수 있다.

이제 리더십은 인공지능과 함께leadership with AI하는 시대로 접어들었다. 모든 도구가 그렇듯이 어떻게 사용하느냐에 따라 가치는 달라진다.

인공지능 역시 마찬가지다. 인공지능은 당신의 리더십을 예술art로 만드는 도구로 쓰일 수 있다. 그러나 여전히 최종적인 결정과 판단은 리더의 몫이다.

2부

행동하는 리더

1   개선

나누고 싶은 생각
- 지속적인 역량 개발
- 자발적인 도전과 변화 수용 능력 강화
- 리더의 주도적 행동

도서관과 피트니스 센터에 오는 사람들에게서 찾아
볼 수 있는 공통점이 있다. 직관적으로 떠오르는 몇 가지 예
를 들어보면 개인적인 목표가 있다는 점과 혼자 한다는 점
그리고 도전의식이 있다는 점 등이다.

그런데 이들을 조금 더 살펴보면 색다른 공통점도 찾을
수 있다. 그것은 굳이 오지 않아도 될 법한 사람들이라는 것
이다.

피트니스 센터에서 운동을 하다 보면 쉬지 않고 오랜 시
간 동안 땀으로 흠뻑 젖을 정도로 열심히 운동을 하는 이들

이 보인다. 대개는 탄탄한 근육을 지닌 사람들이다. 도서관에서 공부하는 이들도 마찬가지다 늦은 시간까지 집중해서 책을 읽거나 공부를 한다. 학창시절을 생각해보면 대개 학업성적이 뛰어난 친구들이 떠오르는 경우가 많다.

이미 형성된 근육이나 학업성적일지라도 지속적으로 운동을 하지 않거나 공부를 하지 않으면 현상을 유지하기가 쉽지 않다. 이들이 피트니스 센터와 도서관을 찾아가는 이유는 바로 여기에 있다. 그래서 서로 다른 장소이고 그곳에서 하는 활동도 다르지만 이곳에 오는 사람들은 현상 유지status quo를 위해 온다고 볼 수 있다.

아울러 이들은 현재 상태에서 더 나은 상태로 나아가기 위해 오기도 한다. 이른바 스스로를 업그레이드upgrade하기 위해서다. 이는 현재의 상태에 대해 만족할 수도 있지만 조금 더 나은 결과를 얻고자 함이다. 만약 이들이 경쟁을 한다면 경쟁 상대는 자기 자신이고 이들의 목표는 매번 갱신된다. 물론 자율성과 주도성에 기반한다.

그런데 이와 같은 현상 유지와 업그레이드는 비단 신체적인 측면이나 학업적인 측면에만 국한되지 않는다. 관계적인 측면이나 업무적인 측면에서도 다를 바가 없다.

관계적인 측면에서 현상을 유지하기 위해서는 보다 적극적이어야 한다. 일례를 들면 연락이 오기를 기다리는 것이 아니라 먼저 연락을 해야 한다. 그리고 모임에 초대받기를 기다리는 것이 아니라 모임을 만들고 초대해야 한다.

업무적인 측면에서도 마찬가지다. 자료를 요청하는 입장에 서 있기보다는 자료를 공유하는 입장에 서 있어야 한다. 또한 자신의 일부터 처리하고 동료의 일을 도와주는 것이 아니라 반대로 접근해야 한다. 현상 유지는 정지된 상태에서 이루어지지 않고 움직이는 상태에서 이루어진다. 이는 마치 물 위에 떠 있는 백조의 물갈퀴가 물속에서 부단히 움직이는 것과 같다.

이와 함께 현상 유지를 넘어 업그레이드를 기대한다면 또 다른 접근이 요구된다. 관계적인 측면에서의 업그레이드는 단순히 연락처가 많아지는 것을 의미하지 않는다. 관계적인 측면에서의 업그레이드는 양量보다 질質이다.

그래서 다른 분야에 있는 사람들과의 접점이 많아져야 한다. 이렇게 되려면 이른바 DE&IDiversity, Equity and Inclusion로 명명되는 다양성과 형평성 그리고 포용성을 갖춰야 한다. 이를 위해서는 선입견이나 편견에서 벗어나기 위한 노력과 함께 스스로에 대한 개방성openness도 확보되어야 한다.

이울러 업무적인 측면에서의 업그레이드를 위해서는 호기심과 실험정신이 요구된다. 다시 말해 새로운 것에 대한 거리낌이 없어야 한다. 그리고 이를 넘어 새로운 것을 찾아나서야 할 필요가 있다. 이와 함께 어떤 일이나 직무에 요구되는 주요 역량이 있다면 직간접적으로 연계된 역량에 대해서도 살펴보고 개발할 필요가 있다. 이를 통해 소위 말하는 융복합이 이루어질 수 있다. 이 과정에서 떠오른 아이디어가 있다면 실행으로 옮겨봐야 한다. 이른바 토이 프로젝트toy project를 해 보는 것이다. 특정한 결과물을 도출하기 위해서만은 아니다. 오히려 다양한 시도를 통해 생각이나 관점의 전환을 가져올 수도 있다. 이에 더해 창의적인 결과물을 기대해볼 수도 있다.

물론 현상을 유지하는 것과 업그레이드가 말처럼 쉽지는 않다. 하지만 그렇다고 해서 마냥 어려운 것도 아니다. 생각이 있다면 생각에서 멈추는 것이 아니라 실행해보자. 두 마리 토끼 모두를 잡을 수도 있다.

2 기록

나누고 싶은 생각
- 목표 지향적 리더십
- 자기 통제와 주체성
- 기록을 통한 학습과 성장

수년 전부터 사람들의 첫 번째 행동에 대한 변화가
감지되었다. 그것은 사진을 찍는 것이다.

이와 관련해서 일상에서 흔히 볼 수 있는 모습은 음식이
나오면 수저를 잡기 전에 휴대폰을 꺼내 드는 것이다. 음식
뿐만이 아니다. 여행지에 도착해서도 그렇고 선물이나 택배
를 받아도 마찬가지다. 세미나 등과 같은 자리에 참석하는
경우에도 시작하기 전부터 군데군데 사진을 찍는다.

이러한 행동에는 사진을 찍어 누군가에게 보여주고 싶은
마음도 있고 자랑하려는 마음도 있다. 경우에 따라서는 인

증이 필요해서일 수도 있다.

이와 같은 행동의 저변에는 본능이 자리 잡고 있다. 즉 무언가를 남기고자 하는 본능이다. 이러한 본능은 개인별로 정도와 빈도의 차이가 있을 뿐 누구에게나 있다. 이를 달리 표현하면 기록하고자 하는 본능이라고도 말할 수 있다.

기록은 인류가 출현한 이후 지금까지 다양한 형태와 방법으로 전개되어왔다. 문자가 없던 시기에는 그림이나 구전 등으로 나타났다. 이후 문자의 등장과 더불어 디지털 시대를 맞이하면서 기록의 양과 질은 기하급수적으로 늘었다. 그리고 펜과 종이는 물론, 디지털기기나 온라인 등 기록을 하는 방법도 다양해졌다.

개인에게 있어 기록은 크게 두 가지 형태로 구분된다. 스스로에 의한 기록과 타인에 의한 기록이다.

타인에 의한 기록 중 대표적인 것은 역사 속 인물에 대한 기록이다. 대개는 객관적 사실에 기반해서 기록된다. 그러다 보니 이렇게 기록된 내용을 보면서 배울 점을 끄집어내는 동시에 과거와 같은 우愚를 일으키지 않으려는 학습과 대처가 이루어지기도 한다.

한편 스스로에 의한 기록도 있다. 이 중 하나는 일기다.

물론 일기장에 쓰인 것만을 의미하는 것은 아니다. 앞서 언급한 사진을 비롯해서 동영상이나 메모, 편지, 글, 일정 등 개인의 모든 일상이 기록에 포함된다. 내용도 다양하다. 어떤 일에 대한 자신의 생각은 물론, 감정이나 느낌 혹은 다짐 등도 포함된다. 다만 기록의 과정에서 자기왜곡이나 자기기만도 나타날 수도 있다는 것은 주의해야 할 부분이기도 하다.

스스로에 의한 기록은 타인에 의한 기록과는 다른 면이 있다. 객관적이기보다는 주관적이며 보이는 것보다는 보여주고 싶은 것에 더 신경을 쓰게 된다는 점이다. 경우에 따라서는 기록되어야 할 것은 기록하지 않고 기록하지 않아도 되는 것을 기록하기도 한다.

기록의 주체가 타인이든지 자신이든지에 관계없이 개인에게 있어 기록은 단순히 지나온 과거의 일이나 경험을 기억하기 위함은 아니다. 오히려 기록은 자신의 미래를 그리는 행위이며 현재를 살아가는 기준이 될 수 있다.

이를테면 '나는 어떤 리더로 기록되고 싶은가?'라는 질문에 대해 생각해 보는 것이다. 이 질문은 자신의 현재와 미래를 위한 기록의 시작이 될 수 있다. 보다 쉽게 접근하면 자신의 이름 앞에 붙여질 수식어를 생각해보는 것이다.

이울러 자신의 이름 앞에 그 수식어기 기록되려면 지금 나는 무엇을 어떻게 해야 하는지를 생각해보면 된다. 물론 생각하는 것만으로는 기록되기 어렵다. 행동으로 이어져야 한다. 일례로 자신의 이름 앞에 '헌신적인'이라는 수식어가 기록되기를 원한다면 그렇게 되기 위한 생각과 행동들을 하면 된다. 그리고 이를 수행하기 위한 시간을 할애해야 한다.

스스로 기록해야 하는 것들은 이러한 생각과 수행했거나 수행해야 할 행동들이다. 이 과정에서 성찰도 일어나고 계획도 생긴다. 이런 측면에서 볼 때 자기 자신에 대해 스스로가 한 기록은 과거가 아닌 현재나 미래에 더 많은 영향을 미친다고 볼 수 있다. 심리학적인 측면에서 보면 피그말리온 효과pygmalion effect와도 어느 정도 맞닿아 있다.

그래서 기록은 지난 온 일들에 대한 과거 중심적인 것이 아니라 앞으로 해야 할 일이나 되고 싶은 모습에 대한 미래 중심적인 측면에서 접근해보고 시도해 볼 필요가 있다.

타인에 의한 기록이야 역사와 같이 자신의 의지나 통제 밖에 있지만 스스로에 의한 기록은 그렇지 않다. 그러니 내가 어떤 사람으로 기록될 것인가를 생각하기보다는 나 스스

로를 어떤 사람으로 기록할 것인가에 방점을 두고 살아보면

어떨까?

3 정리

나누고 싶은 생각

- 변화 관리와 조직적 학습 활성화
- 전략적 의사소통
- 시스템적 사고와 재편성

제품에는 수명주기product life cycle라는 것이 있다. 일반적인 모습은 정규분포와 유사한 모양으로 보인다. 수명주기로 보면 제품별로 혹은 제조사별로 차이는 있지만 일정 기간이 지나면 고장이 잦아지고 상대적으로 수리 비용도 증가하게 된다.

게다가 디지털 기기라면 최신의 소프트웨어가 설치되지도 않고 사용할 수 없는 경우도 있다. 그래서 현실적으로는 보유하는 것보다 폐기하거나 새로운 것으로 교체하는 편이 여러모로 유용하다. 그러나 쉽사리 결정하지 못한다.

먼저 제품에 미련이 남기 때문이다. 이는 보유하고 있는 기간 대비 사용한 기간이 상대적으로 짧을 때 나타난다. 그동안 덜 사용했으니 앞으로 많이 사용할 수 있을 것이라는 착각에서 비롯되기도 한다. 그런데 현실은 그렇지 않다. 지금까지 사용하지 않았으면 앞으로도 사용하지 않을 가능성이 훨씬 크다. 옷장 속 옷 중에서 입지 않는 옷들을 보면 알 수 있다.

다음으로는 나중에 필요할 수도 있을 것이라고 생각하기 때문이다. 이는 목적이나 목표가 있을 때에만 해당된다. 목적이나 목표가 있다면 필요한 시점도 어느 정도 가늠이 되고 어떻게 사용할 것인가에 대한 구상도 있지만 그렇지 않다면 나중이라는 말은 허울 좋은 단어에 불과하다. 혹 집에 책이나 모아둔 자료들이 있다면 그것들이 장식은 아닌지 생각해보면 된다.

개인적인 추억이 담겨 있는 경우도 버리지 못하는 이유가 된다. 앞서 언급한 내용과는 조금 결이 다르기는 하지만 이 역시 중간중간 정리하지 않은 상태라면 방치한 것과 다를 바 없다. 방치된 것은 관심 밖으로 밀려나게 되고 관리되지 않는다. 이렇게 되면 켜켜이 먼지만 쌓일 뿐이다.

이처럼 더 이상 사용하지는 않지만 버리지 못하고 있는 것들은 상당히 크게 어느 한 공간을 차지하게 된다. 이는 비단 물리적 공간에만 해당되지는 않는다. 심리적 공간도 포함된다.

심리적 공간에서 버려지지 못하는 것들이 있다면 대개의 경우 과거의 경험이나 지식 등일 가능성이 짙다. 개인으로 보면 일종의 지적 혹은 경험의 창고라고 할 수 있는데 보이지는 않지만 심리적 공간 역시 물리적 공간과 마찬가지로 저장 용량이 있다. 그리고 개인별로 차이는 있겠지만 용량을 초과하는 내용은 더 이상 들어가지 않는다. 아울러 그 공간에 한 치의 여유도 없이 빼곡히 채워져 있는 경우라면 원활한 순환도 이루어지지 않는다.

이렇게 되면 채워져 있을 뿐 사용할 수 없는 상태가 된다. 더군다나 이 상태에서 새롭고 더 좋은 것이 있다면 있는 것을 빼내어 버리지 않는 이상 넣을 방법이 없다. 그래서 채우고 보유하는 것 이상으로 빼내고 없애는 것도 중요하다. 이를 교육학에서는 폐기학습Unlearning이라는 용어로 설명하기도 한다.

이는 새로운 지식에 대해 습득하기 전에 과거와 단절하려는 의식적인 노력을 의미한다. 그리고 개인이나 조직 모두 새로운 역량을 개발하기 위해서는 새로운 것을 배우는 학습도 중요하지만 과거의 사고방식에서 탈피하고 낡은 것을 버리는 것도 중요하다.

과거의 지식이나 경험 그리고 사고방식을 버리지 못하는 이유는 앞서 언급한 제품을 버리지 못하는 이유와 크게 다르지 않다.

이런 측면에서 볼 때 더 이상 사용하지 않는 제품을 버리지 못하는 것도 문제지만 더 이상 적용되지 않는 사고방식이나 사용할 수 없는 지식과 경험을 버리지 못하는 것도 문제다.

새로운 것으로 채우기 위한 첫 번째 행위는 정리를 해 보는 것이다. 정리를 하다 보면 버려야 할 것들이 나타난다. 그리고 버리는 만큼 채울 수 있는 공간과 여력이 생긴다.

두 번째 행위는 기록으로 남기는 것이다. 버리기로 한 지식과 경험, 사고방식 등에서 핵심을 남기는 것이다. 이렇게 하면 버리면 안 되는 것을 버리는 우를 피할 수 있다. 새 술은 새 부대에 담는다는 접근도 좋지만 그러기에 앞서 선별이 필요하다. 무작정 버리는 것만이 능사는 아니기 때문이다.

세 번째 행위는 재편성하는 것이다. 지식의 구조가 될 수도 있고 경험이나 사고방식의 변화가 될 수도 있다. 같은 내용일지라도 어떻게 구성하고 편성하느냐에 따라 전혀 다른 결과를 가져오게 된다.

"한 해가 다 지나가도록 손대지 않고 쓰지 않는 물건이 쌓여 있다면 그것은 내게 소용없는 것들이니…(후략)" 법정 스님의 책인 『아름다운 마무리에서』에 나오는 글이다.

양질의 아웃풋out put을 기대한다면 양질의 인풋in put이 있어야 하고 이는 비워야 들어갈 수 있다.

이런 점에서 쉽지는 않겠지만 그동안 쌓아 왔던 지식과 경험 그리고 사고방식 중 더 이상 쓰지 않는 것이나 유효하지 않은 것들을 과감히 버려보자.

이렇게 해서 생겨난 공간에 채울 수 있는 것은 생각보다 많고 유용하며 가치가 있다. 물론 이 역시 언젠가는 버려야 하겠지만.

4 선택

나누고 싶은 생각
- 관계 구축과 팀워크 강화
- 적극적 소통과 리더십 스타일 개발
- 도전과 변화에 대한 긍정적인 태도

     학창시절 친구들과 팀을 나누어 운동 경기를 했던 적이 있다. 팀을 나누는 방법은 단순하다. 양 팀의 주장 격이 되는 친구들이 가위바위보를 통해 한 명씩 선택해 팀을 만들어 나가는 방식이다.

     그런데 간혹 중간에 팀에 합류하는 친구들이 있다. 이른바 우리가 선택할 수 없었던 친구들이다. 이들은 보통 여러 가지 사정으로 인해 경기가 시작된 후에 운동장에 도착해서 선수가 부족한 팀이나 상대적으로 전력이 약한 팀에 자연스럽게 합류하게 된다. 물론 경우에 따라서는 외부의 영향을 받아 팀에 들어오기도 한다.

친구들끼리 미는 놀이의 일환으로 하는 경기지만 일단 시작되면 나름대로 치열한 승부가 펼쳐진다. 그런데 경기의 승패는 우리가 선택한 친구들보다는 우리가 선택할 수 없었던 친구들을 어떻게 대하느냐에 달려있다고 해도 과언이 아니다.

만일 예상치 못한 합류 또는 낯설거나 원하지 않았던 친구들이라고 해서 경기하는 내내 그들과 거리를 두게 된다면 팀워크가 발휘되지 못해 경기가 잘 풀리지 않게 된다. 반대로 최대한 빠른 시간 내에 그들과 친밀감을 형성하고 손발을 맞춰 나간다면 경기에 이길 수 있게 된다. 물론 자신이 선택할 수 없었던 그 친구들을 어떻게 대할 것인가는 전적으로 스스로의 몫이었다.

학창시절을 지나 온 지금, 사람들을 대하는 자신의 몫은 훨씬 더 커졌다. 더군다나 스스로 선택할 수 없는 사람들을 어떻게 대할 것인가를 결정하는 문제는 더욱 중요해졌다. 잘 알고 있겠지만 현실에서는 자신이 선택할 수 있는 사람들보다 자신이 선택할 수 없는 사람들이 훨씬 더 많다.

가족을 예로 들어보면 일반적인 경우 배우자는 자신이 선택할 수 있을지 몰라도 배우자를 제외한 다른 가족들, 심지어 부모님이나 자녀도 자신이 선택할 수 있는 사람들은 아니다. 학교나 직장 역시 마찬가지이다. 스스로의 노력이나 능력 등으로 학교나 직장은 선택할 수 있겠지만 그 안에서 만나는 사람들, 즉 선생님, 친구, 상사, 동료, 후배 등은 자신이 선택할 수 없는 사람들임에 틀림이 없다.

이런 점으로 미루어 볼 때 리더는 스스로 선택할 수 없는 사람들을 어떻게 대할 것인가를 결정해야 한다.

먼저 자신이 선택한 사람도 아니고 자신의 마음에도 들지 않으니 그들에게 무관심하거나 쌀쌀맞게 대할 수도 있고 의도적으로 무례하게 대하거나 도를 넘는 언행을 일삼을 수도 있다. 반면 스스로 선택한 사람이 아니기에 그들에 대해 더 많은 관심을 갖기 위해 노력하고 보다 친근하게 다가가 볼 수도 있으며 예의를 지키고 그들에게 필요한 도움을 줄 수도 있다.

리더로서 어떤 결정을 할 것인가? 분명히 스스로 선택할 수 있는 사람보다는 선택할 수 없는 사람들을 많이 만나게 될 터인데 그들을 어떻게 대할 생각인가?

혹 결정하기 어렵다면 경기의 승패는 자신이 선택할 수

없었던 친구들을 어떻게 대했느냐에 달려 있었다는 점을 되새겨보자.

5 자기관리

나누고 싶은 생각
- 피드백 수용과 개선을 통한 협업
- 변화와 혁신을 통한 조직 성장
- 외부 자극을 통한 창의성 및 새로운 아이디어 유발

손을 씻는 행위가 지닌 의미가 있다. 위생상의 의미다. 손 씻기만으로도 상당 부분 건강을 유지할 수 있다. 위생상의 의미를 넘어서면 무언가를 그만둔다는 중의적인 의미와 만나게 된다. 보통은 더 이상 자신의 과오나 잘못을 반복하지 않겠다는 표현이기도 하다.

일례로 "나는 이제 그 일에서 손 씻었다."라고 이야기한다면 이제는 그 일을 하지 않는다는 것이기도 하고 그 분야에서 빠져나왔다는 것이기도 하다. 이른바 과거와의 단절이다. 그리고 이는 새로운 시작을 의미하기도 한다.

이와 같은 현상을 일컬어 변화라고도 하며 혁신이라고도 하나, 어떻게 보면 변화와 혁신은 과거의 손을 씻는 것부터 시작된다고 해도 과언이 아니다.

개인에게 있어 과거의 손은 낡은 패러다임일 수도 있고 선입견이나 편견이 될 수도 있다. 자신만의 방식을 고집하거나 고수하는 것 역시 과거의 손에 해당된다. 이와 같은 손을 씻지 못한다면 변화와 혁신은 글자와 선언에 불과할 뿐 현실에서 마주하기 어렵게 된다.

그렇다면 어떻게 손을 씻어야 할까? 어려운 일은 아니다. 화장실에서 손을 씻는 상황을 접목해보면 된다. 손 씻기의 효과를 얻기 위해서는 적어도 30초 이상은 씻어야 하는 것처럼 과거의 손을 씻기 위해서도 소정의 시간이 필요하다. 일종의 자아성찰을 위한 시간이다. 이때 지나간 것에 대한 아쉬움과 후회 혹은 자신의 과오 등과 같이 부정적인 측면에서의 성찰만 하면 안 된다. 스스로 위축되고 자신감이 저하되기 때문이다. 따라서 자신의 강점이나 장점 그리고 잘했던 것 등과 같이 긍정적인 측면에서의 성찰도 병행되어야 한다.

다음으로는 객관적인 측면에서 접근해봐야 한다. 당연한

말이지만 한쪽 손만으로는 손을 씻기가 어렵다. 그래서 과거의 손을 씻기 위해서는 자신과 관계가 있거나 자신을 잘 알고 있는 이들의 손, 즉 다른 손길이 필요하다. 다소 어려울 수 있지만 이들로부터 객관적인 의견, 즉 피드백을 구해야 한다. 피드백은 자신이 잘하고 있어서 지속적으로 해야 하는 것과 자신을 위해 그만두거나 멈춰야 하는 것 그리고 새롭게 시도해보면 좋을 것의 범주 내에서 구하는 편이 좋다.

전반적으로 스스로에 대한 자아성찰과 피드백이 이루어졌다면 구체적인 내용으로 들어가 봐야 한다. 손을 씻을 때 손등과 손바닥만 씻는 것이 아니라 손가락 사이사이를 씻고 손톱 아래 부분까지 씻어야 하는 것과 마찬가지로 과거의 손을 씻기 위해서는 작은 부분에까지 신경을 써야 한다. 대개 하고 있는 일이나 관계적인 측면에서 발생하는 문제들은 사소하다고 생각하는 것에서 비롯되는 경우가 많기 때문이다. 그동안 부지불식간에 내뱉은 말이나 행동 등이 작은 부분에 해당된다.

아울러 손 씻기의 효과를 얻고자 한다면 물만 묻히고 나오는 것만으로는 어림도 없다. 비누 등과 같은 세정제를 사용해서 씻어야 효과가 배가된다. 이는 변화와 혁신을 위해서는 외부의 자극도 필요하다는 것이다.

쉽게 신뢰할 수 있는 기구요 책이다. 시간과 예사 등에 비추어보면 독서는 그야말로 가성비가 뛰어나다. 혹여 독서에 대한 부담이 있다면 대형서점이나 도서관 서가에 비치된 책들의 제목과 목차만 읽어보는 것도 도움이 된다. 마음챙김에 중점을 둔 여행을 해 보는 편도 좋다. 며칠씩 시간을 내거나 많은 비용을 들여야 하는 것도 아니다. 고속버스나 기차에 몸을 맡기고 반나절 혹은 하루 정도 일상에서 벗어나 새로운 환경에 노출되어보는 것만으로도 충분할 수 있다. 그리고 이제는 주변에서 어렵지 않게 접근해볼 수 있는 교육이나 세미나 등에 참석해보는 것도 효과적이다. 과거가 아닌 현재와 미래에 대한 주제들이 중심이 되기 때문이다.

이와 같은 방식으로 새로움을 접할수록 과거의 묵은 때는 한결 쉽게 씻겨진다. 물론 이와 같은 외부의 자극은 스스로의 의지와 결심이 필요한 부분이다.

이미 경험한 바와 같이 손을 씻고 나면 기분이 상쾌해진다. 새로운 것을 만지는 것에 있어서도 부담이 없다. 리더에게 있어 변화와 혁신이라는 상쾌함과 자유로움도 이와 같은 내면의 손 씻기로부터 시작된다.

6 시간관리

나누고 싶은 생각

- 중요도와 긴급도를 고려한 효율적인 시간 관리
- 삶의 목적과 우선순위를 고려한 리더십 전략 수립
- 인간적 측면 강화를 통한 사회적 리더십 발휘

생물학적 시간이 있다. 누구에게나 동일한 시간이고 벗어날 수 없으며 객관적인 시간이다. 예를 들면 하루가 24시간이라든지 1년이 365일이라는 것이다. 생로병사生老病死나 요람에서 무덤까지라는 말도 이 시간에 속한다. 한마디로 말하면 양적인 시간이고 보이는 시간이다.

고대 그리스에서는 이러한 시간을 크로노스Chronos의 시간이라고 생각했다. 크로노스는 그리스 로마 신화에 등장하는 신으로 일명 죽음의 신이라고도 불린다. 시간이 모든 것을 앗아가기 때문이라는 의미다.

그래서 한정된 크로노스의 시간에서 보다 많은 일을 하고 시간을 효과적으로 사용하기 위해서는 계획이 필요하다. 이와 관련 개인이나 조직에서는 시간관리의 중요성이 부각되기도 한다. 해야 할 일들에 대해 중요도와 긴급도를 따져 우선순위를 정해야 한다는 것이다.

시간관리의 핵심은 중요한 일을 우선적으로 해야 하는 것은 물론, 중요한 일이 급하게 되지 않도록 해야 한다는 것이다. 그러나 현실에서는 사뭇 다르다. 중요한 것을 먼저 하기보다는 급한 것을 먼저 하는 경우가 많다. 지금 당장 급한 것을 하지 않으면 문제가 발생하기 때문이다. 그런데 이렇게 되면 현상 유지는 될지 몰라도 한 발 더 나아가기에는 부족함이 있다.

이는 동화『이상한 나라의 엘리스』의 후속작인『거울 나라의 엘리스』에서 붉은 여왕을 만난 엘리스로부터 찾을 수 있다. 엘리스가 계속 달리지만 그 자리에서 벗어나지 못하자 옆에 있던 붉은 여왕은 이곳에서는 다른 곳에 가고 싶으면 적어도 두 배는 더 빨리 달려야 한다고 말한다. 자신이 열심히 달리지만 주변도 함께 달리는 한 제자리를 벗어날 수 없는 이른바 붉은 여왕 효과를 일컫는다.

그렇다면 우리는 이와 같은 크로노스의 시간에서 벗어날 수는 없는 것일까? 그것은 아니다. 크로노스의 시간을 넘어설 수 있는 카이로스Kairos의 시간도 있다.

카이로스 역시 그리스 로마 신화에 등장하는 신이다. 기회의 신이라는 별칭도 있다. 카이로스의 시간에 살게 되면 사회학적 인간으로서의 삶을 영위할 수 있다.

카이로스의 시간은 크로노스의 시간과 다르다. 개인별로 차이가 있는 주관적 시간이자 질적인 시간이다. 크로노스의 시간에서는 하루가 24시간일지 몰라도 카이로스의 시간에서는 하루가 25시간도 될 수 있고 30시간도 될 수 있다. 그 이유는 카이로스의 시간은 스스로 찾고 만들어내는 시간이기 때문이다.

어렵다고 생각되거나 이상적이라고 생각할 수 있다. 하지만 돌이켜보면 카이로스의 시간에 들어갔던 경험이 없는 것도 아니다. 이른바 시간 가는 줄 몰랐던 적이다. 이를 몰입이라고 한다. 대개는 좋아하는 일을 할 때나 재미있는 일을 할 때 혹은 주도적이거나 자율적인 일을 할 때다.

카이로스의 시간 속으로 들어가게 되면 이와 같은 몰입을 경험하게 된다. 이는 물리적으로 같은 시간이 주어졌을지라도 크로노스의 시간 속에 있을 때보다 카이로스의 시간 속에 있을 때 상대적으로 더 많은 생각과 집중 그리고 다양한 경험을 할 수 있게 된다는 것을 의미한다.

또한 몰입을 하게 되면 아주 짧은 시간일지라도 매우 효과적인 결과를 얻게 되며 시간적 여유도 생기기 마련이다.

그러나 안타깝게도 카이로스의 시간은 누구에게나 주어지지 않는다. 방법은 있다. 한 가지 질문에 대한 답을 찾으면 된다. '자신의 삶에서 남기고 싶은 것이 무엇인가?'라는 질문이다.

이 질문에 대한 답을 찾기 위해서는 삶의 목적을 생각해야 한다. 그리고 이를 위한 구체적인 목표를 설정해야 한다. 이렇게 되면 자신의 삶에서 중요한 것이 보이게 되는데 이것이 자신의 우선순위에서 멀어지지 않도록 해야 한다.

카이로스의 시간은 보이지 않는 시간이다. 또한 일상의 복잡함과 바쁘게 돌아가는 상황 속에서 인식하지 못하기도 한다.

그렇다고 해서 외면하면 안 된다. 바쁘게 살아왔지만 되돌아봤을 때 그 자리를 벗어나지 못한 후회를 남기고 싶지 않다면 선택해야 한다. 크로노스의 시간에서는 할 수 있는 것에 제한을 받지만 카이로스의 시간에서는 자유롭다. 그러니 지금부터라도 나의 시간을 크로노스의 시간이 아닌 카이로스의 시간으로 바꾸어보면 어떨까?

7 내적 보상

나누고 싶은 생각

- 미션 중심적 리더십
- 공공의 이익을 고려한 리더십
- 주도적이고 책임감 있는 행동

보너스bonus를 받는다는 말을 들으면 절로 미소가 지어진다. 물론 아무 때나 그리고 누구나 받는 것은 아니다. 일반적으로는 실적이 좋거나 현저한 성과가 나타났을 때 받게 되는 경우가 많다.

그런데 이러한 보너스는 주도권이 자신에게는 없다. 즉 보너스의 주도권은 받는 사람이 아니라 주는 사람에게 있다. 보너스의 범위나 수준도 마찬가지다. 이러다 보니 보너스는 자신이 처한 상황이나 주변 환경의 영향을 많이 받는다. 그리고 보너스를 받게 되는 시점을 전후로 보면 그 효과가 지속적인 것도 아니다. 그래서 보너스는 여타의 외재적 보상과 비슷하게 대개 일시적인 효과에 그치는 일이 많다.

반면 플러스plus는 보너스와는 결이 다르다. 플러스는 보너스와 달리 주도권이 자신에게 있다. 스스로 정해 놓은 것까지 한 후 조금 더 해 보는 것이 일종의 플러스다.

일례를 들면 밤 10시까지 공부하기로 했는데 한 시간을 더 하는 것이나 국내 자료를 분석하는 일인데 해외 자료까지 살펴본 후 비교하고 분석하는 것이다. 10km를 뛰고 난 후 1km 정도를 더 뛰는 것도 일종의 플러스에 해당된다. 그러다 보니 플러스는 온전히 자기 자신의 선택이고 결정인 셈이다. 그래서 플러스는 상대적으로 상황이나 환경의 영향을 덜 받는다. 스스로가 통제할 수 있기 때문이다.

이러한 플러스는 보너스와 달리 내재적 보상의 성격이 짙으며 지속적인 효과도 기대해 볼 수 있다. 그리고 자신이 더 하는 만큼 더 얻게 되는 경우가 많다. 이렇게 보면 보너스를 추구하는 삶보다는 플러스를 추구하는 삶이 보다 더 매력적이며 능동적이라는 것을 짐작해 볼 수 있다.

그렇다면 플러스를 추구하는 삶이란 어떤 삶일까? 먼저 플러스를 추구하는 삶은 과거보다는 현재와 미래에 무게 중심이 놓여 있는 삶이다.

이는 삶과 일 그리고 관계에 있어 가치 있고 의미 있는 목적을 추구하는 삶이기도 하다. 즉 미션mission이 있는 삶이다. 미션이 있는 사람은 이를 구현하기 위한 목표가 있고 계획이 있다. 그리고 적어도 이와 같은 주제들에 대해 지속적인 관심을 갖고 있다. 이렇게 되면 당연히 미래지향적인 삶에 집중하게 된다. 아울러 현재 처한 상황은 미래로 가는 길의 선상線上이라고 인식한다. 그래서 어려움이 있다면 극복할 방안을 마련하게 되고 순항 중이라면 최적화된 경로를 추구하게 된다.

다음으로 플러스를 추구하는 삶은 사적私的인 이익만을 추구하는 삶이 아니라 공공의 이익까지도 추구하는 삶이다. 공식적인 조직이든 비공식적인 조직이든 공동체가 유지될 수 있는 이유 중 하나이기도 하다. 이는 자기중심적인 의사결정이나 언행을 줄이는 것으로부터 시작된다. 그리고 힘들거나 귀찮다고 해서 포기하거나 자기 마음대로 하지 않는 것이기도 하다. 또한 암묵적일지라도 형성되어 있는 공공의 약속이 있다면 이를 지키는 것도 포함된다. 이른바 '나 하나쯤이야'라는 생각에서 벗어나는 것이다.

이와 함께 플러스를 추구하는 삶은 받는 삶이 아니라 주는 삶이다. 나누는 삶이라고도 할 수 있다. 나눔은 자신이 얼마나 가지고 있느냐보다는 나누고자 하는 생각과 실천에 달려 있다. 대부분 작은 것에서부터 시작할 수 있다.

실제로 주변을 돌아보면 나눌 수 있는 것들이 많다. 금전적金錢的이거나 물적物的인 것만 나눌 수 있는 것은 아니다. 그동안 자신이 쌓아온 지식이나 경험을 나눌 수도 있고 가지고 있는 재능을 나눌 수도 있다. 일상에서 보면 헌혈에 동참하거나 소액을 기부하는 것도 나눔의 일환이다. 나눔은 더 큰 나눔을 가져온다. 이런 측면에서 나눔은 플러스를 추구하는 삶이라고 할 수 있다.

그동안 스스로가 플러스를 추구하는 삶을 살아왔는지 아니면 보너스를 기대하며 살아왔는지 생각해봐도 좋을 듯하다. 이와 함께 보너스를 받아야 플러스가 된다고 생각할 것이 아니라 플러스가 되면 보너스는 뒤따라오는 것이라고 생각해보면 어떨까?

8 스피치

나누고 싶은 생각

- 간결하고 명확한 메시지 구성
- 진정성과 감정 전달
- 구성원 참여와 피드백 수용

입학식이나 졸업식 등과 같은 공식적인 행사에서 빠지지 않는 것이 있다. 일종의 축사祝辭다. 결혼식에서의 주례사主禮辭나 상급자에 의한 훈시訓示도 약방에 감초와 같이 들어가는 경우가 많다.

이와 같은 말들은 대개 리더의 역할을 수행하는 이들의 입을 통해 전달된다. 그리고 하나같이 듣는 이에게 필요하고 좋은 말들이라는 공통점이 있다.

그런데 또 다른 측면에서의 공통점도 있다. 말하는 사람은 열심히 준비해서 말하지만 듣는 사람은 잘 안 듣거나 들는 척한다는 것이다. 듣고 난 후에 기억나지 않는 것은 물론, 들었던 내용을 실행으로 옮기는 경우는 그리 많지 않다는 것도 공통점에 속한다.

이와 같은 문제는 말하는 사람의 잘못일까? 아니면 듣는 사람의 잘못일까?

말하는 사람이나 듣는 사람 모두의 잘못일 수 있지만 대부분 말하는 사람이 문제라는 것에 더 많은 무게가 실린다. 이는 말하는 사람이 의도한 메시지를 제대로 전달하지 못했기 때문이다. 즉, 말하는 사람의 스피치speech가 문제다.

스피치가 잘 안 되는 이유는 여러 가지다. 내용적인 측면도 있고 기술적인 측면도 있다. 하지만 그 전에 말하는 사람이 자신이 하고 싶은 말만 한다는 것에서 그 이유를 찾아볼 수 있다. 조금 더 심한 이유를 찾아보면 말하는 사람 스스로가 자신이 하고 싶은 말이 정확히 무엇인지 모르기 때문이기도 하다.

자신이 하고 싶은 말만 하고 자리를 떠나는 리더 그리고 자신이 무슨 말을 하고 있는지도 모르는 리더의 입을 통해 나오는 말을 구성원들이 잘 이해하고 공감하며 행동으로 옮겨줄 것이라고 생각한다면 그것은 대단한 착각이다.

따라서 스피치를 하게 된다면 말하는 사람이 아니라 듣는 사람의 입장에서 생각하고 준비하는 것이 먼저다. 이는 물고기를 잡고자 할 때 어떤 미끼를 준비할 것인지에 대해 생각해보는 것과 비슷하다. 분명 낚시꾼이 평소에 즐겨 먹거나 익숙한 것을 준비하지는 않을 것이다.

그렇다면 무엇을 어떻게 준비해야 할까?

먼저 전달하고자 하는 핵심 메시지를 결정해야 한다. 이 메시지는 듣는 순간 바로 이해가 되어야 한다. 이렇게 되려면 메시지는 간결하고 단순해야 한다. 마틴 루터 킹 목사의 "나에게는 꿈이 있습니다.", 윈스턴 처칠의 "승리를 위해 제가 드릴 수 있는 것은 피, 노고, 땀 그리고 눈물뿐입니다." 등이 예가 될 수 있다.

핵심 메시지가 결정되면 그 메시지를 보다 잘 표현할 수 있거나 이해를 도울 수 있는 내용들을 선별해야 한다. 사례나 비유는 물론, 데이터 등과 같은 근거를 찾고 제시해야 한다.

다음으로 이렇게 핵심 메시지를 중심으로 내용이 구성되면 전달하고자 하는 내용의 순서를 정할 필요가 있다.

이와 같은 메시지를 통해 듣는 이들로 하여금 비전이나

방향성 등을 이해할 수 있도록 해야 한다. 그리고 이에 더해 울림을 주거나 공감을 불러일으킬 수도 있어야 한다. 이렇게 되려면 말하는 이의 진정성이 묻어나야 하는 것은 두말할 나위도 없다.

만일 리더의 스피치에 이와 같은 내용이 부족하거나 없다면 구성원들은 반응하지 않게 된다.

그리고 리더가 하는 말에 대해 구성원들이 반응하지 않는다면 구성원들은 소속된 조직에 대해 불신하거나 실망감을 느끼게 되고 무관심해지게 된다. 이른바 조직 냉소주의 organizational cynicism에 빠지기 쉽다.

그래서 리더의 스피치는 중요하다. 특히 구성원들과 첫 만남의 자리라면 더욱 그렇다. 따라서 리더라면 스피치의 중요성에 대해 이해하고 언어적, 비언어적 스킬에 대한 학습이 필요하다. 그다음은 연습이다.

어떤 주제에 대해 10분 정도의 스피치를 해야 하는 경우라면 적어도 주어진 시간의 10배 정도의 시간을 할애해서 연습해볼 필요가 있다. '하면 되지.' 정도의 안일한 접근으로 말하고 난 후에 후회하지 않으려면 말이다.

9   도전

나누고 싶은 생각

- 목표 달성을 위한 계획
- 진정성과 감정적 연결
- 실행을 통한 리더십

'수포자'라는 말이 있다. 수학을 포기한 자者를 줄여 쓴 말로 고등학생들 사이에서 사용되는 은어이기도 하다.

처음부터 수학을 싫어하거나 포기하는 경우는 많지 않다. 수학의 중요성이나 필요성을 모르는 것도 아니다. 더군다나 수학을 잘하면 어떤 이점이 있는지 그리고 향후 진학에 있어서 더 나은 기회와 선택을 할 수 있다는 점도 잘 알고 있다.

그러나 학년이 올라갈수록 점점 내용이 어려워지고 수학만 붙들고 있을 수는 없으니 어느 순간이 되면 포기하게 되는 것이다.

한편 수학을 포기하지 않는 이들도 있다. 어렵고 힘든 것은 매한가지지만 그럼에도 불구하고 포기하지 않는 것이다. 이런 경우가 비단 수학에 재능이 있거나 탁월한 능력이 있는 이들의 이야기만은 아니다.

이들이 수학을 포기하지 않는 이유 중 하나는 포기하는 것보다 포기하지 않는 것이 훨씬 더 유용하다는 점을 알기 때문이다. 이른바 왜 해야 하는지why to do에 대해 스스로 인식하고 있는 것이다.

또한 어렵고 힘든 부분, 즉 다음 단계로 넘어가기 위해서는 개인적으로 넘어야 할 허들hurdle이 있다는 것을 알고 있으며 이를 위해서 자신이 무엇을 하고what to do 어떻게 해야 하는지how to do에 대해 알고 있다는 것도 하나의 이유다. 그래서 이들은 기본적으로 실시간 수업에 충실하고 예습과 복습을 빼놓지 않는다.

그런데 이와 같은 현상은 학교에서 수학 등과 같은 특정 과목에서만 나타나는 것은 아니다. 조직에서도 무엇인가를 포기한 이들이 있다. 그중 하나는 리더십이다. 실제로 포기한 것은 아닐지라도 포기한 것처럼 보이는 이들이 있다.

이들 역시 리더십이 왜 중요하고 필요한지 잘 알고 있다. 그리고 리더십을 발휘하면 어떤 이점이 있고 향후에 더 나은 기회와 선택을 할 수 있다는 것도 안다. 물론 이를 위해서는 무엇을 어떻게 해야 하는지에 대해서도 모를 리가 없다. 적어도 머리로는.

이들의 문제는 실행이 뒤따르지 않는 것이다. 배운 것을 현장에 적용하거나 시도하지 않는 것인데 그럴싸한 이유들도 있다. 자신에게는 익숙하지 않다거나 조직문화나 자신의 상급자가 먼저 바뀌어야 한다 등과 같은 이유다. 때때로 팔로워들의 문제를 이야기하기도 한다. 모두 외적 귀인external attribution을 하는 경우다.

한편 리더십이 필요한 상황이나 대상 앞에서 자신의 본능을 극복하지 못하기도 한다. 배운 대로가 아니라 생각하는 대로 말하거나 행동하는 것이다. 이는 리더십에 대한 충분한 연습이 이루어지지 않아서 발생한다. 리더십에 대해 한 번 듣거나 읽은 것으로 자신의 리더십이 바뀔 것이라는 착각도 한몫한다.

이렇게 되면 제아무리 좋은 리더십 교육을 받고 책을 접하고 코칭을 받는다고 할지라도 리더십을 발휘하는 것에는 무리가 있다. 무리를 느끼게 되면 포기하는 것을 하나의 방법으로 여기게 된다.

물론 무엇인가를 포기했다고 해서 다시 시작할 수 없는 것은 아니다. 오히려 더 나아질 수도 있다. 그런데 이렇게 되기 위해서는 다시 기본으로 돌아가는 것이 먼저다.

리더십을 다시 시작한다면 앞서 제시한 왜why to do와 무엇what to do 그리고 어떻게how to do에 대해 생각해볼 필요가 있다. 내용과 방법 측면에서는 이미 쉽게 접할 수 있다.

아울러 새로운 리더십이 무엇인지를 찾기보다는 그동안 배웠던 리더십에 대해 살펴보기를 권한다. 동서고금東西古今, 남녀노소男女老少를 막론하고 리더십의 기본은 크게 변함이 없다.

다음은 실행이다. 자신이 바로 할 수 있는 것부터 실행으로 옮겨보는 것이다. 리더십은 머리가 아니라 마음과 손발로 하는 비중이 훨씬 더 크다.

조직에서 리더의 역할을 수행하는 이들이 리더십을 포기하는 것은 수학을 포기하는 것에 비할 바가 안 된다. 수학을 포기하면 개인에게만 영향을 미치겠지만 리더십을 포기하면 개인은 물론, 다수에게 영향을 미치기 때문이다.

그래서 혹 리더십을 포기했다면 다시 시작해보자. 자신은 물론, 조직 구성원들의 극적인dramatic 반전과 반등이 기다리고 있을 것이다.

10 소통

나누고 싶은 생각

- 고맥락과 저맥락 커뮤니케이션
- 구체적 표현과 수치화
- 자기 공개를 통한 상호 이해

상대방과 말이 잘 안 통한다고 생각하는 경우가 있다. 상대방이 말귀를 못 알아듣는다고 생각하는 것도 마찬가지다. 이런 생각을 하는 주체는 주로 말하는 사람이다. 듣는 사람의 입장에서는 다르게 생각할 수도 있다. 한마디로 상대방이 제대로 말하지 않았다고 생각하는 것이다.

이를 커뮤니케이션 연구의 관점에서 보면 고맥락 커뮤니케이션과 저맥락 커뮤니케이션 사이에서 발생하는 문제이기도 하다.

커뮤니케이션을 함에 있어 이처럼 말하는 사람과 듣는 사

람 사이에 간격이 발생하는 이유 중 하나는 말하는 사람이
자신의 기준으로 접근하기 때문이라고 할 수 있다.

일례로 상대방에게 "가급적 빨리 부탁한다."고 말한 상황
을 떠올려보자. '가급적 빨리'라는 기준은 전적으로 말하는
사람의 기준이다. 만일 말하는 사람이 '가급적 빨리'라는 기
준을 '오늘까지'라고 생각했는데 듣는 사람은 '내일까지'라
고 생각했다면 둘 사이에 갈등이 발생하리라는 것은 불 보
듯 뻔하다.

이와 함께 자신의 기준으로 접근하는 것을 넘어 그 기준
이 일반적이라고 생각하는 것도 커뮤니케이션을 함에 있어
문제다. 개인별로 커뮤니케이션의 스타일은 다르다. 이는
그동안 자신이 속해 왔던 문화나 오랜 시간을 함께했던 사
람들과의 대화 방식 등에 영향을 받기 때문이다. 즉 사람마
다 익숙하고 편안하며 자연스러운 커뮤니케이션 스타일이
존재한다. 그러니 자신의 기준은 그야말로 자신의 기준에
지나지 않는다. 그리고 그 기준을 일반적인 기준이라고 생
각하는 것은 착각일 수 있다. 그래서 이렇게 생각하고 접근
하는 것은 불통不通으로 가는 지름길이기도 하다.

커뮤니케이션에 있어 또 하나의 걸림돌은 말하는 입장에

서 자신의 기준을 상대방도 알 것이라고 생각하는 것이다. 그러나 말하는 사람이 구체적으로 또는 정확하게 말하지 않는 이상 말하는 사람의 기준을 아는 것은 쉬운 일이 아니다. "말하지 않아도 알아요."라는 것은 CF나 드라마 속에서는 가능할지언정 현실에서는 조금 다르다.

그렇다면 커뮤니케이션에 있어 서로 간 오해를 방지하고 갈등을 야기하지 않는 방법은 무엇일까? 구체적으로 말하는 것이 효과적이다. 앞서 언급한 '가급적 빨리'라는 표현 대신 '오늘 오후 3시까지' 혹은 '내일 오전 10시까지' 등과 같이 표현하는 것이다. 구체적이라는 것은 수치화하거나 계량화하는 것을 포함한다. 이렇게 하는 것만으로도 효과가 있다.

다음으로는 대명사의 사용 빈도를 줄이는 것이다. 예를 들어 "그때 거기에 있었던 것은 저기에 있어."라는 말을 들었을 때 오랜 시간을 함께한 경우라면 큰 문제가 없을 수 있다. 이른바 척 하면 착이 될 수 있는 것이다. 그런데 그렇지 않다면 알아듣기 어렵다.

이에 더해 말끝을 흐리는 것도 줄여야 한다. 말끝을 흐리게 되면 상대방은 그때부터 추측과 추정을 해야 한다. 맞히면 다행이지만 그렇지 않다면 피곤해진다. 이와 관련해서 본다면 커뮤니케이션의 상대와 질적으로나 양적으로 많은 시간을 보내야 하는 것은 차일피일 미룰 일이 아니다.

한편 보다 근본적으로 상대방과 효과적인 커뮤니케이션을 원한다면 자신을 조금 더 많이 드러내 볼 필요가 있다. 조하리의 창Johari's window을 빌려 설명하면 자신의 공개영역 open area을 확장해보는 것이다.

공개영역이란 자신에 대해 자신이 알고 있는 내용과 상대방이 알고 있는 내용을 의미한다. 이 영역이 확장되면 될수록 자신이 숨기고 있는 영역hidden area과 스스로도 모르는 영역blind area이 줄어들게 된다. 이렇게 되면 일상에서 서로서로 상대방의 기준을 이해하는 폭이 넓어지게 된다. 오해나 갈등의 소지가 줄어들게 되는 것은 당연하다. 다만 자신의 공개영역을 열 것인지 닫을 것인지 혹은 어느 정도 열고 닫을 것인지의 결정은 스스로의 몫이다.

말은 커뮤니케이션을 위한 여러 가지 수단 중 하나다. 그리고 말을 통해 커뮤니케이션이 이루어지는 경우라면 말하는 사람이 듣는 사람의 입장에서 접근해야 한다. 그래야 제대로 전달된다.

11 혁신 행동

나누고 싶은 생각
- 조직문화와 분위기 조성
- 창의성과 학습 활성화
- 변화에 대한 열린 태도

조직에서 변화와 혁신이라는 단어는 빈번하게 사용된다. 그리고 명시적이든 그렇지 않든 간에 리더를 변화와 혁신의 주체로 인식하고 있다.

리더의 혁신 행동이 발현되었을 때 나타나는 결과는 기존의 질서를 타파하거나 새로운 길을 개척하는 것이다. 경쟁의 방식을 새롭게 창출하는 것도 포함된다. 그래서 패러다임 전환paradigm shift, 퍼스트 무버first mover, 블루오션blue ocean, 게임체인저game changer, 폐기 학습 등과 같은 용어와 개념들이 리더의 혁신 행동과 연결되기도 한다. 실제로 우리에게 노출된 혁신적인 리더들은 이와 같은 결과들을 보여주고 있다.

그런데 리더의 혁신 행동이 나타나기 위해서는 선행되거나 사전에 조성되어야 하는 것들이 있다.

예를 들면 수평적 조직문화나 긍정적인 조직 분위기 그리고 팔로워들의 수용성 등이다. 혁신과 관련해서 조직이 추구하고 있는 미션과 비전, 가치도 빠질 수 없다.

리더의 혁신 행동을 기대하려면 창의성과 자발성 그리고 실행력 등과 같은 역량도 필요하다.

창의성은 선천적으로 타고난다기보다는 후천적으로 개발된다고 할 수 있다. 창의성은 개인이 지닌 지식의 양에 기반하며 습득된 지식들을 얼마나 다양하게 연결하고 융합할 수 있느냐에 달려 있다. 따라서 리더가 혁신 행동을 하기 위해서는 다양한 분야에 대한 끊임없는 관심과 치열한 학습이 뒷받침되어야 한다.

다음으로 자발성은 몰입의 정도와 수준에 따라 결정되기도 한다. 스스로 몰입할 수 있는 대상이나 이슈 혹은 주제가 있다면 적어도 리더의 자발성은 배가된다. 아울러 리더의 자발성은 새로운 시도를 촉진시키고 위험을 감수할 수 있는 용기를 가져다준다. 이로 인해 무사안일이나 복지부동적인 태도에서 벗어날 수 있다.

그리고 실행력은 리더의 혁신 행동을 구현하는 데 있어 빠질 수 없는 요소다. 이는 일종의 문제해결력이라고도 볼 수 있다. 이때 '과정이야 어쨌든' 등과 같은 밀어붙이기 식의 실행력은 바람직하지 않다. 리더의 실행력은 해당 조직의 미션과 비전 그리고 가치에 기반을 두어야 한다. 그렇지 않으면 무언가를 이루었다고 할지라도 지속성을 보장하기 어려우며 경우에 따라서는 퇴보하거나 파행으로 치달을 수도 있다.

예전에 개봉했던 영화 〈탑건: 매버릭〉에서 주인공은 리더의 혁신 행동을 그대로 보여줬다. 그리고 리더가 보여준 혁신 행동의 결과에 대해 조직과 팔로워들은 환호를 보냈다. 그러나 현실에서 마주하는 현상과 인식은 조금 다르다. 리더의 혁신 행동을 기대하지만 내 앞에 영화 속 매버릭이 등장하는 것에는 거부감이 있는 것이다. 어쩌면 겉으로는 혁신 행동의 결과를 기대하거나 요구하면서 내심 이를 위한 행동이 그동안의 익숙했던 방식이나 행동으로 나타나기를 바라고 있는지도 모른다.

이와 같은 이율배반적인 접근으로는 리더의 혁신 행동을 비롯해서 조직과 팔로워들의 변화와 혁신을 기대하기 어렵다. 리더의 혁신 행동과 그로 인해 혁신적인 결과를 얻고자 한다면 접근 방식 역시 혁신적이어야 한다. 이와 같은 과정 속에서 조직과 리더 그리고 팔로워들의 변화와 혁신에 대한 동참과 몰입을 이끌어 낼 수 있기 때문이다.

12 동기 유발

나누고 싶은 생각

· 기대하는 이미지
· 자발성과 몰입을 통한 실행력
· 개인적인 목표와 의미 부여

리더는 팔로워가 던지는 세 가지 질문에 대한 답을 할 수 있어야 한다. "그걸요?", "제가요?", "왜요?"라는 질문이다. 이른바 '3요'라고도 한다.

리더가 팔로워로부터 이와 같은 질문들을 받게 된다면 불쾌한 감정이나 말을 쏟아낼 것이 아니라 오히려 어떤 일을 하는 데 있어 동기가 유발되지 않고 있다는 신호로 받아들여야 한다. 그리고 잘 알고 있는 바와 같이 제아무리 중요한 일이라고 할지라도 동기유발이 되지 않으면 하고 있는 일에 대한 의미를 찾지 못하는 것은 물론, 재미도 없고 결과도 변변치 않게 된다.

이런 측면에서 '3요'는 리더가 눈여겨봐야 할 질문이다. 먼저 "그걸요?"라는 질문은 주제의 명확성clarity에 해당된다. 이와 같은 질문을 한다는 것은 하기 싫어서일 수도 있지만 무엇을 해야 하는지가 명확하지 않기 때문에 하는 질문이기도 하다.

이러한 질문에 대해 답변하기 어렵거나 힘들다고 생각한다면 자신이 생각하는 구체적인 결과물이나 기대하는 이미지가 무엇인지에 대해 다시 한번 고민해 볼 필요가 있다. 그리고 결과물을 시각화해보는 시도가 필요하다. 듣는 사람의 입장에서 볼 때 애매모호한 일이나 주제라고 생각된다면 하고자 하는 의지보다는 거부하거나 회피하고 싶은 생각이 먼저 들기 때문이다.

다음으로 "제가요?"라는 질문은 대상의 적합성suitability에 해당된다. 이러한 질문이 나오는 이유는 업무적이나 관계적인 측면에서 리더와 팔로워 사이에 신뢰가 형성되어 있지 않기 때문이기도 하다.

이와 같은 질문이 나온다면 우선 상대방의 역량을 제대로 알고 있는지에 대해 생각해봐야 한다. 아울러 상대방이 처해 있는 상황에 대해서도 살펴봐야 한다. '제가요?'라는 짧은 질문은 '지금 내가 어떤 상황인지는 알고 있는지?' 또는 '어떤 측면에서 내가 할 수 있다고 생각하는지?' 등과 같은 함의를 지닌 질문이기 때문이다.

마지막으로 "왜요?"라는 질문은 일의 목적성과 관계가 있다. 이 질문은 중요한 질문이다. 핵심을 찌르는 질문이기 때문이다. '왜요?'는 일의 목적, 의미, 가치 등을 함축하고 있다. 게다가 그 일을 통한 가시적인 보상은 물론, 잠재적인 보상까지도 내포하고 있기 때문이다.

팔로워로부터 이러한 질문을 받게 된다면 그 어느 질문보다 잘 답변해야 한다. 답변에 따라 한순간에 가치없는 일이나 의미없는 일로 점철될 수도 있고 반대의 경우라면 진흙 속 진주를 발견한 것과 같이 설렘과 기대를 갖게 만들 수도 있기 때문이다.

동기를 유발할 수 있는 방법은 다양하다. 프렌치와 레이븐 French & Raven(1959)이 제시한 힘power의 틀로 보면 전문성expert power, 준거referent power, 합법성legitimate power, 보상reward power, 강압coercive power 등에서도 찾을 수 있다.

그러나 사람을 움직이는 힘은 내면에 자리잡고 있다는 것을 잊어서는 안 된다. 외적인 측면에서 적용해볼 수 있는 여러 가지 방법 역시 내면과 연결되어 있어야 효과를 기대할 수 있다.

앞서 언급한 "그걸요?", "제가요?", "왜요?"는 내면에 위치하고 있는 질문들이다. 표면적으로 보면 냉소적인 질문이고 부정적인 질문들로 보이기도 한다. 갈등과 불화를 야기시키는 질문일 수도 있다.

하지만 어떤 일이든지 간에 이러한 질문에 대한 답을 제시할 수 있다면 그 무엇보다 강력한 원동력이 될 수 있다. 이에 더해 조금 더 나아가보면 이와 같은 질문들이 나오지 않도록 준비하는 것도 중요하다. 물론 충분히 고민해야 가능한 일이다.

이와 더불어 이러한 질문은 리더 스스로에게도 지속적으로 던져봐야 한다. 이 일을 왜 내가 해야 하는지 혹은 하고 있는지에 대해 스스로가 납득하고 설명할 수 있을 때까지다. 그렇게 된다면 적어도 하고 있는 일에 대한 진정성은 확보되었다고 볼 수 있다. 신념과 역량 역시 포함되어 있다고 볼 수 있다. 리더 자신의 동기유발은 물론, 팔로워의 동기유발도 그렇게 이루어져야 한다.

13 임파워먼트

나누고 싶은 생각
- 임파워먼트를 통한 리더의 역할 변화
- 신뢰 구축과 업무 효율성
- 구성원의 개인적 가치와 의미

코로나19로 인해 크고 작은 조직을 막론하고 원격근무에 대한 관심과 준비, 검토 및 시행 등이 이루어졌다.

주로 해외기업을 중심으로 이미 수십 년 전부터 시작되었던 원격근무는 비즈니스의 특성이나 전략 등에 비추어 검토되거나 시행되어야 하는 것이 일반적이라고 알려져 있다.

그러나 오늘날 원격근무는 코로나19라는 예상치 못한 변수에 영향을 받아 떠밀리듯 시행되었다고 해도 과언이 아니다.

이로 인해 국내의 경우 원격근무 도입 당시만 해도 조직 차원의 시스템 구축 등에 필요한 시간의 부족과 구체적인 방침 등이 마련되어 있지 않은 것이 사실이었다. 또한 원격근무를 위한 조직 구성원들이 준비도 부족한 상태에서 어색함과 혼란 등이 발생한 것도 부인하기 어렵다. 더군다나 이와 같은 상황에서 시행된 원격근무는 여러 가지 해결해야할 문제점을 내포하고 있기도 했다.

이러한 변화의 틈바구니 속에서 상대적으로 불편함이나 불안감을 느끼는 이들 중에는 기성세대 리더들도 있다. 얼굴을 맞대고 일을 해왔던 것에 대한 익숙함이 시대사회적 상황, 세대, 근무형태 등의 변화에 대한 적응보다 우위에 있기 때문이다.

그러나 다른 한편으로는 익숙함에서 벗어나 새로운 변화를 준비해야 할 필요도 있다.

불가피하게 시행된 원격근무를 경험한 구성원들 중 주로 Z세대의 긍정적인 반응을 포함하여 일과 삶의 균형work and life balance, 유연근무제, 업무의 효율성 부각 등에 힘입어 앞으로 원격근무는 사무실 근무와 마찬가지로 일반적으로 통용되는 근무형태로 자리매김할 가능성이 높아지고 있기 때문이다.

이와 같은 상황에 직면한 리더들이 다시 들여다봐야 할 개념이 있다. 바로 임파워먼트다.

임파워먼트는 1940년대를 기점으로 정치학과 사회학 분야에서 먼저 출발한 개념이다. 사전적 의미로는 '~할 권한을 위임하다.', '~할 수 있도록 하다.', '~할 능력을 주다.', '~에게 허용하다.' 등이 있다.

하지만 현장에서는 보다 포괄적인 의미를 담고 있다. 특히 경영이나 리더십 측면에서 수행된 임파워먼트에 대한 연구들을 살펴보면 물리적으로 리더가 가지고 있는 권한을 구성원에게 위임하는 것을 넘어 구성원들과의 신뢰를 바탕으로 개인 및 조직의 목표를 성취해 나가는 과정으로 접근하고 있다.

이러한 임파워먼트는 업무적인 측면에서 자신이 하고 있는 일에 대해 스스로 의사결정권을 갖게 하여 자신감을 높여준다. 그리고 직무능력 향상과 함께 자신의 일을 스스로 수행함으로써 느끼는 성취감과 즐거움 등을 줄 수 있다.

또한 조직적인 측면에서 보면 직장과 자신이 하나라는 공동체 의식을 형성할 수 있고 자신의 일이 조직의 성패를 좌우할 만큼 중요하다는 강한 사명의식을 갖도록 해주기도 한다.

아울러 개인적인 측면에서 무력감과 스트레스를 해소시켜줄 수 있으며 자신의 가치에 의미를 부여하는 것은 물론, 환경변화에 신속하게 대응할 수 있는 여건을 만들어 줄 수도 있다.

물론 임파워먼트는 단편적인 교육이나 선언 등과 같은 활동으로는 이루어지지 않는다. 임파워먼트가 이루어지기 위해서는 선행되어야 할 몇 가지 과제들이 있다.

그중 하나는 리더와 구성원 간 신뢰 형성이다. 특히 리더는 조직의 각 구성원 모두를 더없이 소중히 여기며 그들이 조직을 위해 기여할 수 있다는 믿음과 신뢰를 가져야 한다. 구성원 역시 리더에 대한 신뢰가 필요한데 신뢰가 없는 임파워먼트는 존재하지 않기 때문이다.

다음으로는 일하는 방식과 사람에 대한 관점의 변화가 이루어져야 한다. 이를 위해서는 구성원 모두가 통제나 관리를 통한 접근에서 벗어나 조화, 통합, 촉진 등과 같은 측면에 중점을 두어야 한다. 구성원에 대한 시각도 X론에서 Y론으로 바뀌어야 하는 것은 당연지사다.

오늘날 우리의 조직이나 업무환경이 과거와 같이 조정경

기가 아니라 급류타기로 변했다는 것은 굳이 다시 언급할 필요도 없을 정도로 직·간접적으로 체감하고 있다.

임파워먼트가 필요한 이유는 바로 여기에 있다. 임파워먼트가 이루어진 구성원들은 서로에 대한 신뢰를 바탕으로 자율적이며 능동적으로 업무를 수행하게 된다. 그리고 이를 통해 조직은 보다 더 탄력적으로 움직일 수 있다. 임파워먼트에서 다루는 힘power은 Zero-Sum이 아니라 Positive-Sum이라는 특징을 지니고 있으며 임파워먼트가 현장에 힘을 부여해주기 때문이다.

해 본 적이 없어 못 할 것 같다는 것은 이유가 되기 어렵다. 오히려 해 본 적이 없기 때문에 해 볼 필요가 있다. 앞서 기술한 임파워먼트 된 조직과 구성원들을 상상해보면 안 되는 이유를 찾기보다는 할 수 있는 방법을 찾게 될 것이 보다 분명해질 것이다.

14 역할 전환

나누고 싶은 생각

- 조직 내 다양한 세대 간 상호작용을 위한 이해와 융합
- 성과와 성공의 측정을 위한 다양한 지표
- 팔로워십을 발휘할 수 있는 환경 조성

"진짜 어른과 대화를 나누는 것 같아요."

영화 〈인턴〉에서 성공한 30대 CEO인 줄스(앤 해서웨이 분)가 70세 인턴인 벤(로버트 드 니로 분)에게 했던 말이다.

이 영화에서는 직급은 낮지만 업무적인 측면은 물론, 개인적인 측면에서 경험도 많고 나이도 많은 시니어가 상대적으로 그렇지 않은 리더에게 진심 어린 조언과 아낌없는 지원을 하는 장면들이 여러 차례 나온다. 그리고 그들의 이야기는 아름답게 마무리된다.

비록 영화 속 이야기지만 이와 유사한 상황들은 이미 조

직 내에서 하나둘씩 나타나고 있다. 갈수록 조직 내 리더들은 젊어지고 있으며 팔로워들은 점차 나이가 들어가고 있다. 그리고 수십 년 전과는 달리, 후배가 승진했다고 해서 선배들이 조직을 나가거나 자리를 옮기는 경우도 많지 않다. 물론 여러 가지 상황과 다양한 이유들이 있다.

이런 상황 속에서 과거 연공서열이나 수직적인 상하 관계에 익숙한 시니어들 중 일부는 자신보다 젊은 리더와 함께 일하는 것에 대한 불편함을 내비치기도 한다. 또한 이와 같은 상황에서 어떻게 행동해야 할지에 대해 당혹감을 감추지 못하기도 한다.

그래서 이들은 간혹 조직 구성원으로서 건강하지 않은 방향으로 나아가는 경우도 있다. 이를테면 젊은 리더의 말을 무시한다거나 자신의 경험을 앞세워 고집을 꺾지 않는 것 등이다. 조직에서 방관하거나 방치하는 경우도 있다. 이처럼 극단적인 예는 아닐지라도 젊은 리더를 건성으로 대하거나 할 수 있는 한 최소한의 역할만 하려는 모습이 보이는 경우도 있다.

조직에서 이러한 징조가 보이거나 모습들이 나타나기 시작하면 어느 누구에게도 도움이 되지 않는다. 더군다나 그들의 틈바구니에 낀 또 다른 구성원들은 특히 더 그렇다. 이렇게 되면 조직은 그야말로 악순환에 빠지게 된다.

이와 같은 현상들과 문제점들이 나타나게 된 이유 중 하나는 지금까지 사회와 조직에서 암묵적으로 가지고 있는 등정주의登頂主義적 인식, 즉 모두가 하나의 정상만을 바라보면서 누가 더 빨리 산에 오르는가로 성공과 성과를 인식한다는 것에 있다.

그리고 이런 인식 속에 갇혀 있는 시니어들은 연공서열에 따른 직급과 직책이 뒤바뀌는 상황을 마주하게 될 때 상실감과 불안감을 느끼게 된다.

이와 함께 조직 내에서 모든 구성원들이 리더라는 직책을 수행하는 것은 제한적이라는 점을 생각해보면 지금까지와는 조금 다른 접근이 필요하다.

예를 들면 앞에서 이끌기보다는 뒤에서 밀어주는 접근이다. 이는 조직에서 리더로서의 역할을 수행하지 않는 시니어 혹은 리더의 역할을 수행했던 자리에서 물러난 시니어들이 이제는 팔로워로서의 역할을 수행해야 한다는 것에 눈을 돌려야 한다는 의미한다. 당연히 자신이 밀어주고 지원해주어야 하는 리더들은 이른바 주니어 리더들이다.

성공이나 성과의 지표도 달리 접근해 볼 필요가 있다. 팔로워로서 리더를 얼마나 많이 성장시켰느냐 등을 살펴보는 것도 하나의 방법이다. 조직 내 시니어들이 지니고 있는 연륜과 함께 그동안 쌓아왔던 경험과 지식 등에 기반해서 팔로워십을 발휘한다면 영화 속 '인턴'과도 같은 분위기가 조성될 수 있다.

이렇게 되기 위해서는 팔로워에 대한 인식과 팔로워십을 발휘하기 위해 요구되는 역량들에 대해 살펴봐야 한다.

아직까지도 많은 이들에게 팔로워는 여전히 조직 내에서 낮은 직급에 있는 이들이라는 인식이 저변에 놓여 있다. 또한 팔로워에 대한 가치를 평가절하하기도 한다.

하지만 실제로는 그렇지 않다. 팔로워는 리더의 또 다른 이름이고 또 다른 형태다. 팔로워로서의 역할 수행을 하지 못한다면 리더로서의 역할 수행도 기대하기 어렵다. 그 반대의 경우도 마찬가지다.

그래서 팔로워십을 발휘해야 하는 시니어들은 무엇보다 팔로워에 대해 올바른 인식을 가져야 한다.

팔로워에 대한 인식이 재정립되고 나면 실제로 팔로워십을 발휘할 수 있는 역량을 습득해야 한다. 대개는 이미 지니고 있는 역량들이지만 몇 가지는 새롭게 개발해야 한다.

이렇게 보면 조직에서 팔로워십 역량을 개발해야 하는 대상은 더 넓어진다. 따라서 조직에서는 유능한 리더를 찾고 육성하는 것 이상으로 모범적인 팔로워를 찾고 육성해야 한다. 특히 조직 내에서 시니어들이 팔로워십을 발휘할 수 있도록 환경을 만들어주고 문화를 조성하는 데 관심을 가져야 한다.

아울러 조직 내 시니어들이 상대적으로 젊은 리더들에게 스스로 팔로워십을 발휘할 수 있다면 더할 나위 없이 좋겠지만 만일 그렇지 않다면 이들이 팔로워십을 발휘할 수 있는 장을 마련해주는 것도 필요하다.

"진짜 어른과 대화를 나누는 것 같아요."

이 말은 시니어 팔로워들이 젊은 리더들로부터 들어야 할 말 중 하나다.

15 불통

나누고 싶은 생각
- 솔직한 표현과 비언어적인 요소 고려
- 간결하고 명확한 메시지 전달
- 사실 기반의 커뮤니케이션

"안 터져요."라는 광고 카피가 있다. 심지어 이 광고에서는 안 터지게 하기 위해 수년 동안 연구했다는 이야기도 나온다. 부탄가스 광고다. 그런데 만일 같은 카피를 통신사에서 사용한다면 어떨까? 안 터지는 ○○통신. 물론 사용할 일은 없겠지만 어색하고 적절하지 않게 느껴진다. 역설적인 표현이라고 해도 마찬가지다.

이와 같은 내용은 광고 카피에서만 볼 수 있는 것은 아니다. 일상에서 접하는 대부분의 내용은 맥락에 따라 다르게 다가온다. 그래서 어떤 일이 발생하면 우선적으로 맥락을

봐야 한다. 동일한 내용일지라도 맥락에 따라 달리 인식되기 때문이다.

그리고 어느 한 곳에서 적절하고 좋은 것일지라도 맥락을 벗어나게 되면 달리 해석되고 경우에 따라서는 문제가 되기도 한다.

맥락이나 편집의 중요성은 일찍이 영화산업에서 쿨레쇼프 효과Kuleshov Effect로 제시된 바 있다. 간략하게 설명하면 배우의 똑같은 얼굴 표정일지라도 그 표정이 다양한 장면과 연결되었을 때 관객의 해석은 다르다는 것이다. 이를 일상에서 접할 수 있는 보다 익숙한 용어로 표현하면 예능 프로그램에서 간혹 웃으며 접할 수 있는 '악마의 편집'이다.

일상에서 맥락의 영향을 크게 받는 영역 중 하나는 커뮤니케이션이다. 그리고 맥락을 경시한 커뮤니케이션은 각종 오해와 불필요한 추측을 자아낸다.

일례를 들면 전후 사정을 알려주지 않고 말하는 경우나 자신에게 유리한 내용 혹은 자신이 말하고 싶은 부분만 언급하는 경우다. 이와 같은 커뮤니케이션은 시점의 차이가 있겠지만 대부분 문제를 야기하게 된다.

한편 맥락을 파악하지 못하는 경우도 해당된다. 상대방이

한 말 중에서 듣고 싶은 부분만 듣는 것이 대표적이다. 이는 스스로 악마의 편집을 하는 것이기도 하다.

두 가지 경우 모두 사실과 메시지를 왜곡시키기에 부족함이 없다. 그리고 왜곡된 커뮤니케이션이 잦아지면 신뢰할 수 없게 된다. 이는 개인과 조직 모두에게 동일하다.

리더로서 커뮤니케이션에 있어 이와 같은 문제를 미연에 방지하기 위한 방법은 의외로 간단하다. 심지어 이미 알고 있다.

첫 번째 방법은 솔직하게 말하는 것이다. 애매모호한 표현을 삼가는 것을 비롯해서 문화인류학자 에드워드 홀Edward T. Hall이 언급한 바 있는 고맥락적인 커뮤니케이션은 가급적 지양할 필요가 있다. '알아들었겠지'라는 생각은 생각만큼 효과적이지 않다.

두 번째 방법은 자신의 생각이나 감정을 말하는 것이다. 반드시 필요한 경우가 아니라면 인용해서 말하는 것보다는 직접 말하는 편이 좋다. 이는 직접 인용일지라도 전달하는 과정에서 누락되는 내용이 있고 당시의 분위기 등 비언어적인 부분까지 전달되기는 쉽지 않기 때문이다.

세 번째 방법은 사실을 말하는 것이다. 이는 전달하는 내용 또는 대상에 따라 어려울 수 있다. 하지만 어렵다고 해서 두루뭉술하게 말하거나 자의적인 해석으로 전달하게 되면 오히려 만만치 않은 후폭풍을 마주하게 될 수두 있다

개인 차원이든 조직 차원이든 커뮤니케이션이 불현듯 갑자기 이루어지는 경우는 많지 않다. 이른바 커뮤니케이션에는 맥락이 있다.

아울러 커뮤니케이션에서 이러한 맥락을 놓치거나 의도적으로 빼버리게 된다면 더 이상 커뮤니케이션을 통한 문제 해결은 기대하기 어렵다.

따라서 커뮤니케이션을 하는 경우에는 맥락을 고려한 메시지 전달과 수신이 이루어질 수 있도록 해야 한다. 돌이켜보면 그동안 맥락을 건너뛴 커뮤니케이션이 꽤 있지 않은가?

16 변수

나누고 싶은 생각

- 내 삶의 변수
- 변화에 대한 접근
- 관점 전환

가고자 하는 학교는 자신이 선택할 수 있다. 하지만 함께 공부할 선생님과 친구들은 선택하기 어렵다. 일하고 자 하는 회사 역시 자신이 선택할 수 있지만 함께 일하는 동료들은 선택하기 어렵다. 이는 상대방의 입장에서도 마찬가지다.

그런데 선택하기 어려운 것은 사람뿐만이 아니다. 시간도 선택하기 어렵다. 특히 과거가 그렇다. 아쉬움이 있다거나 후회하고 있다고 해도 바뀔 것은 없다. 이미 지나왔기 때문이다.

이처럼 스스로 선택하거나 통제하기 어려운 것을 상수常數라고 표현할 수 있다. 경우에 따라서는 이와 같은 상수가 자신의 마음에 들지 않을 수도 있다. 그리고 상수가 바뀌기를 두 손 모아 기원할 수도 있다. 그러나 쉽게 바뀔 리는 없다. 오히려 불평과 불만이 가중될 뿐이다.

하지만 상수를 바꿀 방법이 아예 없는 것은 아니다. 그 방법 중 하나는 변수變數로 접근해보는 것이다. 그러면 자신의 삶이 달라질 수도 있다. 변수는 상수와는 달리 자신이 선택할 수 있기 때문이다.

자신의 삶과 관련해서 쉽게 살펴볼 수 있는 변수들이 몇 가지 있다. 먼저 관계에 있어 자신이 상대방을 어떻게 대할 것인지는 변수에 해당된다. 예를 들면 상대방이 나에게 무뚝뚝하니 나도 무뚝뚝하게 대하겠다는 선택을 할 수도 있다. 반대로 상대방은 나에게 무뚝뚝하지만 나는 친근하게 대하겠다는 선택을 할 수도 있다. 만일 전자의 선택을 했다면 그다지 바뀔 것이 없지만 후자의 선택을 한다면 무뚝뚝했던 상대방이 바뀌게 될 여지가 크다.

이와 더불어 상대방을 어떤 관점으로 볼 것인지도 변수에 포함된다. 성악설의 관점에서 볼 것인지 혹은 성선설의 관점에 볼 것인지에 따라 같은 사람을 보더라도 달리 해석된다. 이는 같은 물이지만 보는 이의 관점에 따라 다른 견해를 갖는다는 일수사견—水四見과도 일맥상통한다. 이렇게 보면 사람들과의 관계적인 측면에서의 변수는 결국 자기자신이라고 할 수 있다.

다음으로 하고 있는 일을 어떻게 할 것인가도 변수라고 할 수 있다. 생각해보면 어떤 일을 하든지 간에 시간과 노력은 투입이 된다. 대충한다고 해서 시간이나 노력이 현격하게 줄어드는 것도 아니다. 그러나 결과의 차이는 드러나게 마련이다. 비슷한 시간과 노력을 하면서 굳이 질質 낮은 결과를 얻을 필요는 없을 듯하다.

이런 측면에서 보면 하고 있는 일에 대해 관심을 갖고 고민하며 새로운 접근과 시도 등을 해보는 것은 변수다. 그리고 이러한 변수들은 일의 결과는 물론, 개인적인 성취감 등에도 영향을 미친다.

이와 함께 시간도 자신의 삶에 있어 간과할 수 없는 변수다. 특히 현재가 중요하다. 지금 자신의 생각과 행동 그리고 크고 작은 결정과 선택 등은 미래와 연결되어 있기 때문이다. 게다가 지금까지는 선택하지 못한 자신의 과거였을지 몰라도 현재라는 변수로 접근하면 자신이 원했던 과거를 만들 수도 있다. 미래의 시점에서 보면 현재는 과거이기 때문이다.

그래서 현재의 자신이 무엇을 어떻게 하느냐에 따라 이전과는 사뭇 다른 과거를 만들 수도 있고 기대하는 미래와 만날 수도 있다.

그러나 자신의 삶에 대해 상수로 접근하면 곳곳이 장애물이다. 이래서 안 되고 저래서 안 되는 일이 많다. 그리고 '~때문에'로 귀결되는 외적 귀인에 빠지게 된다. 이른바 남의 탓을 하게 되는 것이다.

그런데 자신의 삶을 변수로 접근하면 달라진다. 장애물이 아닌 가능성을 만나게 된다. 가능성이 많아진다는 것은 선택할 수 있는 것과 기회가 많아진다는 것을 말한다. 이렇게 해 볼 수도 되고 저렇게 해 볼 수도 있는 것이다. 스스로의 선택은 내적 귀인으로 귀결된다. 결과에 대한 수용성이 높아지는 것은 물론, 스스로에 대한 기대와 신념을 의미하는 자기효능감self-efficacy도 강화된다.

혹 지금까지 관계적인 측면과 업무적인 측면 그리고 자신의 삶에 있어 상수에서 벗어나지 못했다면 변수로 눈을 돌

려볼 필요가 있다. 변수로 바라보면 '원래 그렇다'는 상수의
굴레에서 벗어날 수 있을뿐더러 스스로가 기대하는 상수를
만들어 갈 수도 있다.

17 팀워크

나누고 싶은 생각

- 공동 목표의 중요성
- 개인 역량과 팀 균형
- 목표 동일성과 공감 대화

농구나 축구 경기에서 보는 이로 하여금 탄성을 자아내게 만드는 패스가 있다. 상대편 수비수를 속이기 위해 공격수가 실제로 공을 보내는 방향이 아닌 다른 방향을 보면서 하는 패스다. 이른바 '노 룩 패스no look pass'다.

이러한 패스는 상대편의 허를 찌르기도 하고 득점에 결정적인 영향을 미치기도 한다. 같은 팀 선수들 사이에서 이와 같은 패스를 주고받는 것을 보면 신기할 따름이다.

이러한 패스는 우연히 이루어지는 것은 아니다. 경기에 나서기 전 충분한 연습이 필요하다. 물론 연습만으로 되는 것은 아니다. 경기 전에 한두 번 연습해보거나 어쩌다 한 번 성공한 것만으로도 어림없다. 연습하는 상황에 비해 실제 상황은 가변적이고 예측이 쉽지 않기 때문이다.

한편 패스가 성공하는 데에는 또 다른 이유들이 있다. 먼저 감독과 선수들 그리고 해당 팀을 응원하는 이들의 목표가 동일하기 때문이다. 당연히 이들의 목표는 그 경기에서 이기는 것이다. 이 중 누구 하나라도 목표가 다르다면 이와 같은 패스는 하기도 어렵고 보는 것도 흔치 않다.

다음으로는 선수들 간 서로에 대해 잘 알고 있기 때문이다. 서로에 대해 말하지 않아도 알기 위해서는 무엇보다 함께 있는 시간이 많아야 한다. 잠시 잠깐 모였다 흩어지는 정도만으로는 서로에 대해 알기가 어렵다.

물론 시간만 함께 보낸다고 될 일도 아니다. 함께 있는 시간 동안 서로의 장점과 단점에 대해 충분히 이해하는 것과 더불어 상대방이 무엇을 원하는지에 대해서도 파악하고 있어야 한다. 이렇게 되기 위해서는 양질의 소통이 필요하다. 다시 말해 서로가 말하지 않아도 알게 되기까지는 충분히 많은 말을 주고받아야 한다는 것이다.

목표가 같고 서로에 대해 잘 알고 있으면서 충분한 연습이 이루어지면 일단 '노 룩 패스'가 이루어질 수 있는 기본적인 환경은 갖춰진 것이다. 그다음에는 개인의 역량이 뒷받침해줘야 한다. 개인의 역량이 부족하거나 균형이 맞지 않으면 패스를 시도해 본들 소용이 없다. 줄 수도 받을 수도 없기 때문이다.

이러한 '노 룩 패스'는 가족이나 친한 친구 사이에서도 발견된다. 직접적이나 구체적으로 표현하지 않아도 '척' 하면 '착' 하는 것을 떠올려보면 된다. 물론 이 역시 공통의 관심사와 함께 서로에 대한 관심 등이 있어야 하는 것은 두말할 나위도 없다.

그렇다면 조직 내 팀에서도 '노 룩 패스'가 가능할까? 불가능할 이유는 없다. 다만 선제적으로 갖춰져야 할 조건들에 대한 충족이 우선이다.

팀에서 소통의 어려움을 호소하는 경우나 팀워크에 문제가 있다고 이야기하는 경우 혹은 비전이 보이지 않는다 등과 같은 표현들은 개인의 역량 부족이나 의지를 따지기에 앞서 팀의 공동 목표가 있느냐 그리고 그 목표를 구성원들이 충분히 공감하고 있느냐를 살펴봐야 한다.

아울러 구성원들이 서로 충분한 시간을 보내고 있는지 그리고 그 시간들이 양적으로만 채워져 있지 않고 질적으로도 채워져 있는지를 확인해 볼 필요가 있다. 구성원들이 질적으로 채워진 시간, 즉 서로에 대해 진심 어린 관심과 생각을 나눌 수 있는 시간들을 함께 보내고 있다면 머지않아 팀에서도 '노 룩 패스'를 기대해 볼 수 있다.

비록 여러 사람이 모여 한 배를 탔을지라도 가고자 하는 목적과 기대가 서로 다르고 소통이 없으면 팀이라고 하기 어렵다. 그리고 '노 룩 패스'는 팀이어야 할 수 있는 패스다. 조직에서도 이 정도 패스가 이루어지는 팀을 만들어 보면 어떨까?

18 지식 축적

나누고 싶은 생각
- 초안과 창의성의 중요성
- 검색 가능한 시스템 설계
- 운영 방법의 중요성

"프로젝트 하나 하다 보면 최종안에 이를 때까지 버전version이 20개가 넘게 나오는 경우도 있어요. 그래서 파일명을 v1부터 v2, v3 … 뭐 이렇게 쓰는 것은 당연해요. 버전이 너무 많아진다 싶으면 심지어는 v10-1이나 v10-2처럼 바꾸기도 하지요."

"기획안을 보면 초안에서 다루어졌던 내용들을 찾아보기 힘들어요. 그래서 기획안을 보면 초안에서 다루었던 새로움보다는 기존 방식에서 봤던 익숙함이 더 많이 느껴지는 것 같아요. 아마 여러 사람들의 의견이 취합되는 과정에서 튀어나온 부분들은 없어지는 것이겠죠."

"예전에 좋은 아이디어가 있었는데 따로 저장해두지 않았더니 그때 무슨 생각을 했었는지 기억나지 않아요. 그때 했던 생각이 지금 해야 하는 프로젝트에 어느 정도 부합되는 것 같은데…."

조직에서 업무를 하다 보면 한 번쯤은 말한 적이 있거나 누군가로부터 들어봤음 직한 내용들이다.

어떤 일을 하든지 간에 분명히 많은 시간을 투자해서 탐색하고 고민하고 의견을 나누었던 내용임에도 불구하고 결과적으로는 최종안만 남게 된다. 그리고 그동안 수차례 수정과 보완을 해왔던 버전들은 한마디로 사장되는 경우가 많다. 다른 동료들은 물론, 담당자조차 다시 펼쳐볼 일이 없다.

그도 그럴 것이 수정과 보완이라고 해 봤자 일정 수준이 되면 단어나 조사를 바꾸거나 순서를 조정한 정도이기 때문이다.

이렇게 되면 최종안을 뺀 나머지 버전들은 일종의 쓰레기가 된다. 그것도 예쁜 쓰레기가 되는 것이다. 있어야 할 내용도 있고 포장도 잘 되어 있는데 정작 쓸데는 없기 때문이다.

그런데 이렇게 사장되는 과정에서 살려내야 할 것들이 있다. 그것은 초기의 접근방법과 생각을 담은 이른바 초안이다.

초안에는 새로운 접근방법도 있고 참고할 만한 자료들도 포함되어 있다. 신선한 아이디어가 묻어 있기도 하고 경우에 따라서는 불편한 사실이나 과감한 제안이 들어 있기도 하다.

이와 같은 생각과 내용들은 머릿속에 오래도록 저장되어 있지 않는다. 수정을 하는 빈도에 비례해서 점차 사라지게 된다. 그러다 보니 몇 번의 수정만으로도 초안에서 다루었던 내용들은 일부 단어나 문장, 자료 등에 국한되어 차용될 뿐 맥락상 드러나지 않는 경우가 많다.

이런 현상은 비단 프로젝트나 기획서의 초안뿐만이 아니다. 조직 내에서 실시하는 수많은 회의나 워크숍 혹은 교육과정에서 도출된 구성원들의 다양한 의견이나 생각들도 최종안으로 가는 과정에서 징검돌의 역할만 할 뿐 버려지기는 마찬가지다. 여기에는 조직 내에서 고충이나 불만을 담은 건의사항도 포함된다.

상황이 이렇다 보니 그때그때 할 수 있는 범위 내에서만

하게 되거나 예전에 다루었던 내용을 다시 처음부터 해야
하는 상황에 처기기도 한다. 결국 이런 상황을 마주하게 되
면 다시 예전의 최종안을 꺼내 보게 되는데 큰 도움이 되는
경우는 많지 않다. 새로움이 결여된 내용들이기 때문이다.

그렇다면 어떻게 해야 할까?

조직 내 이와 같은 내용을 별도로 보관하는 창고warehouse
를 만들어 봄 직하다.

창고나 다락방이 있는 집에 살면 매일은 아니지만 가끔
들여다볼 때가 있다. 책상 서랍이나 방 한쪽 구석에 있는 수
납장도 비슷하다. 그곳에는 소위 말해 쟁여 놓은 물건들이
많다. 사용하지 않거나 앞으로도 사용할 생각이 없는 물건
들이 쌓여 있다. 더군다나 언제 그리고 무슨 이유로 갖다 놓
았는지를 알 수 없는 경우도 태반이다.

그런데 신기한 것은 그렇게 쌓아 놓은 물건들 중에서 어
떤 일을 하는 데 꼭 필요한 물건들을 종종 발견하게 된다는
점이다. 어쩌다 한 번이지만 매우 유용하다.

조직에서도 이와 같은 창고 하나쯤은 필요하다. 물리적인
창고보다는 온라인상의 창고가 좋겠다.

조직에서 마련한 이 창고에는 엇비슷한 내용들로 채워진

수정안들보다는 초안들이 쌓여 있어야 한다. 가공되기 전의 참고자료가 있다면 그것도 창고에 들어가야 한다.

구성원들의 수가 떠오르는 생각이나 의견도 빠질 수 없다. 예를 들면 퍼실리테이션facilitation으로 전개되는 회의나 교육에서 사용하는 방법 중 하나인 파킹랏parking lot에 들어간 내용들은 휴지통이 아니라 창고로 들여보내야 한다. 이는 사후 활동follow up에 포함될 수 있다.

그리고 그 창고는 조직 내 누구나 열어 볼 수 있고 꺼내 볼 수 있고 집어넣을 수 있도록 만들어야 한다. 아울러 그곳에 있는 내용은 평가나 선택의 대상이 아니라 문제해결의 실마리를 찾거나 아이디어를 떠올릴 수 있는 대상으로 여겨야 한다.

요즘은 이와 같은 형태의 온라인 창고를 만드는 것이 과거에 비해 훨씬 수월해졌다. 물론 이미 가지고 있는 조직들도 많다. 그래서 없다면 만들고, 있다면 그곳에 무엇이 들어 있는지 살펴봐야 한다.

지금 당장은 버려지고 쓰임이 없는 것 같지만 시간이 지나거나 사람이 바뀌면 그 어느 때보다 절실하게 찾게 될지도 모르는 보물들이 숨겨져 있을 수도 있다.

이와 관련하여 조직 및 개인의 성장을 위해서는 조직 내 지식이 창출되고 순환되며 공유되어야 한다는 접근이 시도된 바 있다. 그리고 1990년대 후반부터 지식경영시스템KMS, Knowledge Management System을 시작으로 학습조직CoP, Community of Practice 등과 같이 시스템적, 제도적 플랫폼도 마련되어 운영되고 있다.

조직 내 이러한 창고는 새로운 것을 실험해 볼 수 있는 실험실이 될 수도 있다. 또한 하고 있는 일을 가로막는 장애물을 회피하거나 제거할 수 있는 도구도 될 수 있다. 만일 구성원들의 적극적인 참여가 더해진다면 집단지성의 효과까지 노려볼 만하다.

처음에 만들어졌거나 그동안 사용하지 않아 채워진 것이 많지 않은 창고는 별게 없어 보일지 모르지만 일단 구성원들이 하나둘씩 자료를 채워놓기 시작하면 세상에 둘도 없는 우리 조직만의 특화된 일종의 지적자산창고intellectual assets storage가 될 것이다.

이러한 지적자산창고를 만들기 위해서는 몇 가지 고려해야 할 점들이 있다. 먼저 지적자산창고를 잘 설계해야 한다. 이는 일종의 검색 알고리즘을 구축해야 한다는 것이다. 예를 들면 분야, 저자명, 제목, 키워드 등으로 검색이 가능한 논문검색 사이트를 참조해도 좋을 것이다.

이와 함께 사용자이자 취득자 입장에서는 주야, 아이툴, 교육내용 및 결과물 등과 같은 자료를 작성할 때 분야, 키워드, 제목, 작성자 등을 별도의 기록으로 남길 필요가 있다. 이는 일종의 위키wiki 방식이라고 할 수 있는데 이를 통해 보다 실용적인 데이터베이스화가 가능해질 수 있으며 효과적이면서 효율적인 협업도 기대해 볼 수 있다.

다음으로는 운영 방법이다. 쉽게 접근하면 운영관리자 operator를 지정하는 것이다. 이때 운영관리자는 기본적인 지적자산관리뿐만 아니라 큐레이터curator로서의 역할까지 포함된다. 즉 관련된 분야나 키워드 등에 기반해서 구성원들이 관심을 가져 볼 내용들을 선별하고 제시해주거나 연관된 자료들을 노출시켜 주는 것 등도 하나의 활동이 될 수 있다.

이렇게 만들어진 지적자산창고는 조직 내 학습문화를 조성하고 활성화시키는 것은 물론, 실제와 동떨어지지 않은 명시적explicit 지식과 암묵적tacit 지식을 선순환시키는 역할도 할 수 있을 것이다.

무엇을 시도해보든지 간에 상대적으로 처음은 미약하고

볼품이 없다. 그러나 일단 시작을 하고 나면 달라진다. 시간이라는 힘이 작용하기 때문이다.

이는 우리가 눈사람을 만들 때 처음부터 커다란 눈덩이를 만들지는 못하지만 주먹만 한 눈덩이를 만들어 굴리기 시작하면 점점 커지는 것과 다를 바 없다. 이를 눈덩이 굴리기 효과snowball effect라고도 한다. 지적자산창고도 마찬가지다. 지금은 작지만 곧 커질 눈덩이를 생각하면서 시작해보는 것은 어떨까? 만일 조직에서 구축하기가 어렵다면 개인적으로 구축해보는 것도 좋을 것이다.

19 네트워킹

나누고 싶은 생각
- 정서적 지원
- 피드백과 해소의 기회 제공
- 다양성과 새로운 경험

모임에서 얻을 수 있는 혜택이 있다. 먼저 보고 싶은 사람들을 볼 수 있다는 것이다. 이들과 함께 과거의 추억을 돌이켜보는 것은 정서적인 건강에 도움이 된다. 당시에 있었던 일들, 즉 추억을 공유하는 시간은 이른바 힐링healing의 시간이기도 하다.

때로는 당시에 몰랐던 뒷이야기들도 들을 수 있다. 단순히 뒷말이 아니라 그때 나누지 못했던 감정이나 사실 등에 대한 이야기다. 시간은 지났지만 적어도 오해가 있었다면 해소할 수 있는 계기가 될 수 있고 칭찬이라면 새로운 활력

소를 얻을 수도 있다.

경우에 따라서는 여러 가지 사정으로 잊고 지냈던 자신의 강점이나 매력을 다시 찾게 될 수도 있다. 예를 들면 모임에 참석한 이들에게 "그때 내가 그랬어?" 등과 같이 다시 묻는 경우다. 겉으로는 놀라울 수도 있지만 내면에서는 절로 미소 지어지기도 한다.

서로에 대한 근황을 알 수 있다는 점도 모임에서 빠질 수 없는 혜택이다. 이른바 서로에 대한 업데이트가 이루어지는 것이다. 자주 보는 일이 없었다면 모임을 계기로 서로에 대한 공백기를 채울 수 있다. 이를 통해 때로는 새로운 연결점이 생겨나기도 한다.

다음으로 새롭게 접하는 것들도 있다. 많은 경우, 모임에서 오가는 이야기들은 공식적인 자리에서는 쉽게 오가기 어려운 내용들이기도 하다. 편한 사람들과의 모임이라면 표면적인 내용을 넘어 보다 심도 깊은 이야기들도 오갈 수도 있다.

이와 함께 간접적인 경험을 할 수 있다는 것도 모임에서 얻을 수 있는 혜택 중 하나다. 서로의 삶과 하고 있는 일 그리고 만나왔던 사람들이 다르기 때문에 각자의 관심도 다른 경우가 많다. 읽는 책도 다르고 여행을 했다면 여행지도 다르고 느낀 점도 다르다. 짧은 시간일지라도 도움이 된다. 이 밖에도 일일이 열거하기 어려운 혜택들이 있다.

그런데 이와 같은 혜택들을 서로가 얻기 위해서는 상호성이 있어야 한다. 일방적으로 대화를 이끌어가거나 모임 내내 청취자의 모습을 지녀서는 곤란하다. 모임을 이해타산적으로 접근해서도 안 된다.

『모임을 예술로 만드는 방법』의 저자인 프리야 파커는 모임에 들어서기 전의 나와 모임에서 나온 후의 나는 같은 사람이 아니라고 했다. 즉 모임을 통해 우리는 달라지고 달라진 만큼 자기 삶과 세상에 영향을 끼친다는 것이다.

그러니 앞으로 모임이 있다면 보다 적극적이고 긍정적으로 접근해보자. 어쩌면 다른 사람들과 함께하는 평범한 순간이 기억에 남고 의미 있는 순간으로 바뀌는 계기가 될 수도 있다.

20 실행력

나누고 싶은 생각
- 구체적인 목표 설정
- 목표 달성을 위한 코칭과 촉진
- 실행력을 향상시키는 문화 구축

계획은 세웠지만 실행으로 옮겨지지 않는 경우가 있다. 개인도 그렇고 조직도 그렇다. 실행이 잘 안 되는 이유도 다양하다. 그중 하나는 급한 것부터 처리하느라 하지 못했다는 것이다. 그래서 오래전부터 해야 할 업무들을 중요도와 긴급도를 기준으로 나누어 우선순위를 선정하라는 등과 같은 시간관리가 회자되어 왔다.

그럼에도 불구하고 여전히 조직에서는 급한 일부터 처리하느라 정작 중요한 것은 뒤로 미루는 일이 많다. 결국은 중요한 일이 급하게 되어 졸속으로 처리되거나 기대에 미치지 못하는 경우도 발생한다. 물론 큰 문제가 되지 않을 수도 있다. 적어도 현상 유지는 되기 때문이다. 그러나 이러한 결과로는 만족을 느끼기 어렵다. 더군다나 이와 같은 현상이 반복되면 리더와 구성원 모두 마치 다람쥐 쳇바퀴 돌 듯이 정신없이 바쁘지만 정작 중요한 일은 제대로 못 하는 악순환이 발생한다. 이와 같은 문제를 한마디로 표현하면 실행력의 부족이라고 할 수 있다.

그렇다면 어떻게 해야 실행력을 높일 수 있을까? 단순히 마음가짐을 새롭게 하거나 이번에는 잘 해 보자 등과 같은 구호만으로는 해결되기 어렵다. 실행력을 높이기 위해서는 일상에서 몇 가지 장치를 만들어야 한다. 물론 어렵고 복잡한 장치는 아니다.

먼저 첫 번째 장치는 '예약하기reserving'다. 이는 일상에서 음식점 예약하는 것을 생각해보면 된다. 일단 예약을 하게 되면 불가피한 사정이 생기지 않는 한 대부분 가게 된다. 예약을 하는 과정 속에는 이미 실행으로 옮긴다는 전제가 내포되어 있다. 그래서 예약을 하는 경우라면 그 일정에 문제가 없는지를 비롯해서 여러 가지 변수들까지 고민하게 된다. 무턱대고 예약하는 경우도 없고 예약한 날을 깜빡하고 잊어버리는 일도 많지 않다. 결국 예약을 하게 되면 실행력은 높아진다.

두 번째 장치는 '마감일 정하기closing date'다. 예를 들면 '책을 쓰고 싶다.'가 아니라 '책 출간일은 12월 31일이다.' 등과 같은 접근이다. 보고나 행사 등도 마찬가지다. 이렇게 날짜를 정하게 되면 그다음부터는 그 날짜를 기준으로 역으로 해야 할 일들을 적어야 한다. 그리고 역으로 적어 놓은 일들을 시간순으로 다시 배열하면 그것이 곧 실행 계획이다. 이렇게 하면 오늘 당장 해야 하는 일까지 명확해지는 경우가 많다. 반면 마감일이 정해지지 않은 일은 쉽게 다음으로 미루기도 하고 자기 자신과 스스럼없이 타협하게 된다. 즉 마감일이 없는 일은 실행력을 담보하기 어렵게 된다.

세 번째 장치는 '공표하기announcing'다. 하고자 하는 일이 있다면 마음속에만 간직할 것이 아니라 가급적 많은 이들에게 알려야 한다. 그 이유는 알리는 과정이 곧 실행 의지를 굳건하게 만드는 과정이기 때문이다. 게다가 알고 있는 사람들이 많으면 많을수록 자연스럽게 자극을 받게 된다. 예를 들어 공표한 일이 있다면 주변 사람들로부터 자연스럽게 그때 한다고 한 일은 잘 되고 있는지 혹은 얼마나 진행되고 있는지 등에 대한 질문을 받는데 이것만으로도 실행력에 도움이 된다.

개인과 조직 모두 새롭게 해야 하는 일도 있고 지금 하고 있는 일도 있다. 그리고 해야 할 일도 빠지지 않는다. 이와 같은 일들의 실행력을 높이기 위해서는 무엇보다 실행하고 자 하는 의지가 필요하다. 경우에 따라서는 이 과정을 도와 줄 수 있는 코치나 촉진자가 필요할 수도 있다. 그렇지만 이 에 앞서 예약하기와 마감일 정하기 그리고 공표하기부터 적 용해보자. 실행 의지를 넘어 실행으로 옮길 수 있는 데 도움 을 줄 수 있는 장치들이다. 그리고 지금까지 마음만 먹고 차 일피일 미뤄왔던 일들이 있다면 세 가지 장치 중 하나를 선 택해서 작동시켜보자. 동시에 세 가지 장치를 모두 작동해 봐도 좋다.

에필로그

○
○
○

리더로서 매년 새롭게 시작하는 것이 많지만 계속 이어지는 것도 있습니다. 그중 하나는 이월移越된 계획입니다. 하나하나 살펴보면 이월된 계획들은 생각보다 많을 수 있습니다. 이러한 계획들은 예전에 수립했던 계획 중 상대적으로 우선순위가 낮았던 일들입니다. 보다 쉽게 표현해보면 하면 좋고 하지 않아도 크게 무리가 없는 일들이라고 할 수 있습니다.

이와 같은 일들은 부지불식간에 개인의 시간과 에너지를 소모하게 만들기도 합니다. 실행으로 옮길 것도 아닌데 마음 한구석에 자리 잡고 있기 때문입니다. 컴퓨터에 빗대어 보면 불필요 파일junk file이라고 할 수도 있습니다. 이러한 파일들이 정리되지 않고 쌓이기만 하면 전반적으로 컴퓨터의 성능이 저하되는 것과 다를 바 없습니다.

그렇다면 이월된 계획은 실행할 수 있을까요? 실행 가능성을 높이고자 한다면 정리하는 것이 우선입니다. 언젠가는 할 생각이 있는 일이나 일단 두고 봐야 할 것 등과 같은 일들이 정리해야 할 계획들입니다.

이월된 계획들을 정리하기 위해서는 우선순위에 대입해 봐야 합니다. 우선순위의 기준은 자신의 리더십 철학이나 미션 또는 비전 등과 같은 명분이 될 수도 있고 외적인 이익이나 보상이 될 수도 있습니다. 내적으로 보면 만족이나 기대되는 결과물도 포함됩니다. 이와 같은 기준은 계획을 실행으로 옮길 수 있는 동력으로 작용하기도 합니다.

계획은 수립이 아니라 실행으로 옮기는 데 방점이 있습니다. 만일 여전히 우선순위에서 멀어진다면 앞으로도 실행으로 이어지기는 어렵습니다. 그래서 계획을 수립한다면 이와 같은 우선순위에 기반한 실행 동력이 필요합니다. 아울러 지혜롭게 버리거나 포기하는 것도 필요합니다. 그래야 반복적으로 이월되는 계획의 굴레에서 벗어날 수 있습니다.

한편 리더로서 쌓아 나가야 할 것도 많지만 남기지 말아야 하는 것도 있습니다. 일례를 들면 생각과 행동의 재고在庫입니다. 머릿속에 담겨 있는 아이디어를 비롯해서 의지만 있었던 것 등이 대표적입니다.

이와 같은 생각과 행동의 재고들은 미래를 염두에 두고 남겨 놓았다기보다는 어쩌다 보니 재고로 쌓이게 되었을 가능성이 농후합니다. 이처럼 다양하고 참신한 생각과 행동들이 재고로 남겨진 이유 중 하나는 그 생각과 행동을 담거나 표현할 수 있는 장場을 마련하지 못해서이기도 합니다. 그러다 보니 당시에는 신선한 생각들이었지만 이내 시들해지기도 하고 하지 못했던 행동을 후회하기도 합니다.

이처럼 생각과 행동의 재고가 쌓이면 다시 찾기도 어렵습니다. 그리고 힘들게 찾았을지라도 더 이상 유효하지 않는 상태인 경우가 많아 폐기해야 할 수도 있습니다.

그렇다면 생각과 행동의 재고가 쌓이지 않게 하려면 무엇을 해야 할까요? 기록이 먼저입니다. 기록은 생각의 재고 정리에 유용합니다. 다음으로는 기록을 담을 수 있는 그릇을 정하는 것입니다. 그릇의 크기와 모양 그리고 색상은 다양합니다. 이러한 기록과 기록을 담을 그릇을 정했다면 행동이 필요합니다. '나중에 밥 한번 같이 먹어야지.'라는 생각만으로는 밥을 같이 먹을 수 없었던 지난날의 경험을 떠올려보면 쉽게 공감할 수 있습니다.

만일 지난날 이월된 계획 및 생각과 행동의 재고로 아쉬움을 경험했다면 달리 접근해 볼 필요가 있습니다. 게다가 이와 같은 이서 a a 민복에시 바누했나면 하루빨리 조치해야 합니다. 특히 리더십에 있어서는 더 미룰 이유가 없습니다.

리더십에 대한 그동안의 생각과 행동들이 더 이상 이월되거나 재고로 남지 않도록 움직여보면 어떨까요? 그렇게 된다면 리더십에 대한 아쉬움이 아니라 만족감이 더 크게 다가올 수 있을 것입니다.

이 책에 대한 생각 나눔 Part 2

○
○
○

리더십에 대한 심도 있는 견해를 담은 『생각하는 리더, 행동하는 리더』는 저자의 지식과 경험을 바탕으로 조직 역학에서 리더의 생각과 행동이 조직에 미치는 역할을 강조하고 있다. 또한 효과적인 리더십에 대한 이해, 리더와 팔로워 사이의 상호작용, 상황적 요인의 영향 등 리더십의 핵심 원리를 폭넓게 다루고 있다. 고전적인 리더십 이론과 현대적인 관점을 모두 고려하여 다양한 리더십 특성에 대한 풍부한 토론을 제공하고 실행 가능한 지침을 제안한다는 점이 이 책의 특징이다. 효과적인 리더십을 실천하기 위한 깊은 통찰력과 전략을 담은 이 책이 신진 리더와 경험 많은 리더 모두에게 '생각하고 행동하는 리더'가 되기 위한 지침서가 되기를 소망해본다.

엄용준 대표, 엄메이징HRD

『생각하는 리더, 행동하는 리더』는 김희봉 박사의 풍부한 경험과 심도 있는 연구를 바탕으로 리더십의 본질을 탐구하는 책이다. 이 책은 현대 사회에서 리더가 갖추어야 할 자질과 행동을 사례를 통해 설명하며, 리더와 팀원 간의 상호작용, 도덕적 리더십, 조직 내 리더의 역할을 다룬다. 김희봉 박사의 깊이 있는 분석을 통해 리더십의 성공과 실패 요인을 밝히며, 리더십에 관심 있는 모든 이들에게 새로운 시각을 제공한다. 이 책은 리더가 되고자 하는 사람들에게 필수적인 가이드이며, 자신만의 리더십 스타일을 발전시키는 데 큰 도움이 될 것이다.

유현옥 프로, 삼성물산 경험혁신아카데미

처음 팀장 역할을 부여받아 어떻게 하면 올바른 리더가 될 수 있을까 고민하고 나름 방향을 정립하여 저만의 리더의 역할과 솔선수범에 많은 시간을 투여했지만 결과는 그다지 만족스럽지 않았습니다. 바로 그 원인을『생각하는 리더, 행동하는 리더』에서 찾을 수 있었습니다. 생각하고 행동하는 리더가 되기 위해서 알지만 행동하지 않았던 것들을 이 책을 통해 다시 생각해 보는 계기가 되었고 미리 이 책을 만났더라면 어쩌면 저는 지금보다 더 나은 리더가 되지 않았을까 생각합니다. 생각하는 리더와 행동하는 리더가 생각해봐야 할 40가지 아젠다를 다 읽고 한 단계 성장할 수 있는 리더로 다시 태어나는 리더들이 많아지기를 기원합니다.

이상백 팀장, 사람인

예측할 수 없는 변화의 시대, 리더십은 단연 리더뿐만 아니라 조직 구성원에게도 반드시 필요한 요소일 것입니다. 리더십은 타고나는 것이 아니라 학습하고 훈련함으로써 발전시킬 수 있으며, 자기인식과 성찰을 기반으로 지속적으로 개발해 나가는 것이 무엇보다 중요하다는 것을 이 책을 통해 다시 한번 상기할 수 있었습니다. 이 책은 분명 많은 리더들이, 또 향후 리더가 될 현재의 팔로워들이 리더십에 대해 고민이 될 때 잠시 돌아볼 수 있도록 도와주는 조력자의 역할을 할 것입니다. 리더로서 무엇을, 언제, 어떻게, 왜 해야 할지 고민이 될 때, 생각한 바를 행동으로 옮기는 데 주저될 때, 현실적인 이야기가 필요할 때, 리더십 발휘를 위한 기본이 되는 에센셜Essential로서 필독해보실 것을 추천드립니다.

임은정 팀장, Nemo Partners POC 리더십센터

『생각하는 리더, 행동하는 리더』와 같은 책이 고팠다. 근작近作의 도서들을 살펴보면 개인 차원의 '나'가 급변하는 세상 속에서 어떻게 행복과 실쉬든 낯성할 수 있을지를 다루는 경우가 많다. 그러나 '나'에 초점이 맞춰진 책들을 읽다 보면 주변 사람들이나 속한 공동체가 '수단' 또는 '대상'으로 변하는 경우가 빈번하다. 이에 비해 저자는 독자들에게 '나'를 뛰어넘어 '너'와 '우리'로 시야를 확장할 것을 꾸준히 독려한다. '나', '너', '우리'가 행복하고 성과 있게 동행하기 위해서 무엇을 '생각'하고 어떻게 '행동'해야 하는지를 따뜻하고 섬세하게 짚어준다. 특히 이 시대의 리더들이 반드시 생각하고 행동해야 할 여러 요소들을 이렇게 폭넓게 다룬 책은 근래에 없었다. 풍부한 사례, 과학적인 연구 결과, 전문적인 용어들은 생각하고 행동하는 리더의 모습을 생생하고 설득력 있고 세련되게 전달해준다. '함께' 성공하고 '함께' 행복하기를 갈망하는 독자라면 당장 이 책을 집어 들기를 적극 추천한다.

. 임현명 교수, 육군사관학교, 경영학 박사

『생각하는 리더, 행동하는 리더』는 현대 리더십에 대한 심오한 통찰과 실천적 지침을 제공합니다. 이 책은 리더와 팔로워, 그리고 그들이 처한 구체적인 상황 속에서 일어나는 상호작용을 깊이 탐구합니다. 여기에서 우리는 리더십이 개인의 선천적 특성에 머무르는 게 아니라, 상황에 따른 적절한 행동과 결정을 통해 개발될 수 있음을 이해하게 됩니다. 특히, 이 책은 현대 조직의 리더라면 단순한 지시와 통제를 넘어, 팔로워들을 지원하고 그들의 성장을 도모해야 한다는 점을 차근히 짚어냅니다. 그리고 이를 통해 리더와 조직 모두가 함께 성장할 수 있는 방향을 제시합니다. 리더십 이론과 실제 사례를 바탕으로, 리더가 직면할 수 있는 다양한 도전과 대응 전략을 소개함으로써, 모든 수준의 리더들이 자신의 역할을 보다 효과적으로 수행할 수 있도록 돕는 데 이 책의 진가가 있습니다. 이 책은 모든 수준의 리더, 리더십에 관심 있는 개인, 그리고 조직의 변화를 주도하고자 하는 모든 사람을 대상으로 합니다. 여러분의 리더십 여정에 귀중한 통찰과 실용적인 지침을 제공하는 이 책을 강력히 추천합니다.

은재호 박사, 한국행정연구원 前대외부원장

생각하는 리더
행동하는 리더

초판 1쇄 인쇄 2024년 4월 25일
초판 1쇄 발행 2024년 5월 2일

지은이 김희봉

편집 김정웅 **디자인** 박은진
마케팅 임동건 신현아 **경영지원** 이지원
출판총괄 송준기 **펴낸곳** 파지트 **펴낸이** 최익성

출판등록 제2021-000049호
주소 경기도 화성시 동탄원천로 354-28 **전화** 070-7672-1001
이메일 pazit.book@gmail.com **인스타** @pazit.book

THE STORY FILLS YOU
책으로 펴내고 싶은 이야기가 있다면, 원고를 메일로 보내주세요.
파지트는 당신의 이야기를 기다리고 있습니다.